잡지인 차상찬 연구

제20회 범우출판포럼 정기 학술세미나 보고서
잡지인 차상찬 연구

범우출판문화재단 엮음

 범우사

세미나 참가자 명단

범우출판문화재단 측		
인원	성명	소속
1	윤형두	범우재단 이사장
2	강영매	이화여대 통번역대학원 교수
3	윤재민	범우사 사장
4	이두영	범우재단 이사
5	윤길한	범우재단 상임이사
6	조일래	범우재단 감사
7	김혜원	범우재단 간사

범우출판포럼 측		
인원	성명	소속
1	권호순	시간의물레 대표
2	김미정	북큐레이션협회 회장
3	김인기	상지사피앤피 실장
4	김인철	전 서강대 교수
5	김정숙	백제예술대 교수
6	박몽구	계간《시와문화》주간
7	박세영	범우포럼 총무이사
8	박원경	범우포럼 부회장
9	부길만	동원대 명예교수
10	신종락	성균관대 겸임교수
11	심선향	제28기 범우장학생
12	윤세민	경인여대 교수
13	윤용철	서울교과서 대표
14	이문학	인천대 교수
15	한상봉	한국서예금석문화연구소장
16	한주리	서일대 교수
17	홍정표	글로벌콘텐츠출판그룹 대표이사

김정숙 포럼 회장 인사

윤형두 이사장 축사

박래풍 점장의 〈데미안책방〉과 차상찬 문고 소개 및 환영사

〈잡지인 차상찬 연구〉 1부 참가자 소개(왼쪽부터 김인철 교수, 김정숙 교수, 박원경 좌장, 김미정 회장)

1부 발제 및 토론

2부 발제(왼쪽부터 부길만 교수, 윤세민 교수, 박원경 좌장, 이문학 교수, 한주리 교수)

2부 발제 및 토론

종합토론 질의응답

세미나장에서 전 참가자

〈데미안책방〉 실내

춘천 지역탐방

춘천 지역탐방

춘천 지역탐방

춘천 지역탐방

차례

간행사 _윤길한 · 15
인사말 _김정숙 · 18
축사 _윤형두 · 20
환영사 _박래풍 · 24
개회식 사회 _박세영 · 26

세미나 1부 발제 및 토론 · 27

발제 논문 ① · 31
차상찬, 그가 만든 잡지를 중심으로 _김정숙
발제에 대한 토론 · 51
_김안철 · 김미정 · 박몽구

세미나 2부 발제 및 토론 · 77

발제 논문 ② · 81
인물로 본 차상찬 연구 _윤세민
발제에 대한 토론 · 123
_이문학 · 부길만 · 한주리
종합토론 · 142
_윤용철 · 조일래 · 이두영 · 김안철 · 홍정표 · 권호순

세미나 후기 · 157

범우출판포럼 춘천 세미나 이모저모 _김정숙

특별 원고 · 171

우리나라 잡지 언론의 선구자이자 독립군 _조갑준

간행사

윤길한(범우출판문화재단 상임이사)

　범우출판문화재단(이하 '범우재단')은 작년(2019년) 6월 14일 강원도 춘천시에 있는 차상찬기념관 세미나실에서 〈잡지인 차상찬 연구〉라는 주제로 범우포럼이 주관하여 제20회 국내학술세미나를 가졌습니다.

　그동안 범우재단은 러시아·독일·대만·베트남·중국·일본에서 그 나라와 공동으로 해외세미나를 개최했고, 국내세미나는 전국의 지방을 순회하면서 작년까지 20회의 세미나를 개최했습니다. 해외세미나는 세미나 결과를 모두 단행본(6권)으로 발간하였으나 국내세미나 결과는 이번 단행본 발간이 처음이어서 그 의미가 매우 큽니다.

　차상찬 선생은 지금으로부터 한 세기 훨씬 전인 1887년 고종 4년에 강원도 춘성군 신동면에서 태어났습니다. 보성중학교와 보성전문학교를 졸업하고 25세 때 《천도교회 월보》 학술부를 담당하면서 출판·잡지인으로 활동하기 시작했습니다.

34세 때 우리나라 최초의 종합잡지라고 할 수 있는 《개벽》의 창간 동인으로 참여, 편집인·발행인·주간으로 폐간 때까지 일하였습니다.

《개벽》을 운영하면서도 다른 잡지 《부인》《어린이》《신인간》《조선농민》《별건곤》《학생》 등 10여 개가 넘는 잡지를 창간하여 기자, 논객, 작가, 학자로서 700여 편의 글을 남겼습니다.

선생이 잡지 출판인으로 왕성하게 활동했던 시기는 일제강점기였습니다. 일제의 억압에 글로써 저항했던 선생은 불굴의 독립투사였고 불행했던 우리 민족의 혼을 일깨운 계몽가였습니다.

그동안 선생을 기리고 기념하는 사업들이 차상찬기념사업회를 중심으로 기념관 설립, 차상찬 학술연찬사업 등 많은 연구와 사업이 이루어졌습니다.

범우재단의 〈잡지인 차상찬 연구〉 세미나는 차상찬 선생에 대한 새로운 자료를 발굴하고 연구했다기보다 기존의 자료들을 토대로 선생의 깊은 뜻을 기리고 출판·잡지의 선구자로서 후세에 남긴 큰 업적을 재조명해보자는 데 더 큰 의미를 두었습니다.

  주제발표를 맡았던 두 분 백제예술대 김정숙 교수와 경인여대 윤세민 교수는 발표논문을 쓰기 위해 차상찬기념사업회, 차상찬기념관, 국회도서관 등을 찾아가 많은 자료들을 조사 연구해서 훌륭한 논문을 발표해주셨습니다.

  분과토론에 참여해주신 분들도 차상찬 선생에 대한 공부를 많이 해서 토론원고를 사전에 제출해주시고 당일 진지한 토론을 해주셨습니다.

  이 세미나의 주제발표자, 토론자 등 참여자 전부가 범우포럼 회원들이었습니다. 범우포럼은 범우재단에서 출판장학금을 받은 장학생 출신들이 만든 모임으로 학술단체의 성격을 띠고 있습니다.

  앞으로도 저희 재단은 범우포럼이 국내외에서 학술활동을 활발하게 할 수 있도록 적극 지원할 것입니다. 관심 있게 지켜봐주시고 좋은 결과들이 나오기를 기대합니다.

  세미나 준비를 위해 수고해주신 김정숙 회장님, 박세영 총무님 등 제4대 포럼 회장단과 춘천에서 세미나 장소 협조 등 세미나를 잘 치를 수 있도록 많은 도움을 주신 데미안책방 박래풍 점장님에게도 심심한 감사를 드립니다.

2020년 7월

인사말

김정숙(범우포럼 회장, 백제예술대 교수)

　범우출판포럼 학술세미나를 개최하게 되어 매우 기쁩니다. 범우출판포럼 세미나가 20회에 이르게 된 것은 전적으로 범우출판문화재단(이사장 윤형두)의 훌륭한 뒷받침 덕분이 아닐 수 없습니다. 이 지면을 빌려 깊은 감사의 말씀을 올립니다.

　아울러 제1대 부길만 회장단을 위시하여 제2대 윤세민 회장단과 제3대 이문학 회장단께서 차곡차곡 쌓아올린 업적이 누적되었기에, 저희 집행부(부회장 박원경, 총무이사 박세영)도 선임 회장단에 누가 되지 않도록 그 자취를 좇아가고 있습니다.

　범우장학생으로 구성되어 있는 범우출판포럼은 세미나를 통해 출판학 연구 영역에서 탁월한 업적을 세우고 있습니다.

저는 개인적으로 미국에서 Post-Doc. 과정을 밟을 당시 풀브라이트 장학재단(Fulbright Program, 제임스 풀브라이트의 제안을 받아 미국 정부가 주관하는 장학사업으로, 세계 각국의 교수·교사·학생 및 관계 인사 등의 국제 교환과 장학금을 지원하는 세계에서 가장 권위 있는 장학금 중 하나)의 파티에 초청을 받아 참석한 적이 있었습니다. 그곳에서 만난 참석자들은 세계의 석학들이었습니다.

범우출판문화재단 또한 가히 풀브라이트 장학재단 못지 않도록 진전에 진전을 거듭하고 있습니다.

이에 범우출판포럼의 무궁한 발전을 기원드리고, 메세나 정신을 실천하는 범우출판문화재단의 훌륭한 지원사업 또한 번창하기를 바라면서 인사말을 갈음합니다.

축사

윤형두(범우출판문화재단 이사장)

이 자리를 빌려 여러분들과 서로 어울리고 있다는 것이 가장 기쁩니다. 러시아, 중국, 베트남, 독일 등에서 범우포럼 세미나를 개최해온 가운데 독일과 연변에서는 우리가 기원하는 통일을 위해서, 만약 통일이 된다면 그 이후에 우리 출판계를 어떻게 이끌어가고 풀어나갈 것인가 심도 있게 논의해 왔었지요. 그 외에도 경영의 문제라든지 여러 가지 이야기를 담론화 했었습니다.

저는 이렇게 나와서 말씀을 드릴 때 꼭 지켜야 될 텐데 하면서 못 지키고 있는 것이 하나 있습니다. 글은 또박또박 쓸 것, 말은 꼭 적어서 와서 말할 것. 서울대 철학과 김태길 교수님은 글 한 자 한 자를 꼭꼭 받아 적습니다. 그분은 200자 원고지를 적는 데 한 20분 걸리는 것 같아요.

또 한때 모시기도 했습니다만, 김대중 선생은 누구에게 심부름할 때 자기 명함 뒤에 글을 써서 보냅니다. 그분도 그렇게 글을 또박또박 쓰셨고 그분의 업적 또한 하나도 흐트러진 적이 없었거든요. 그리고 이응백 교수라는 분은 단둘이 한 마디 말을 할 때도 꼭 종이에 메모를 해서 그 메모를 읽듯이 말을 합니다. 이응백 선생님을 보면 한 번도 말씀하시는 데 실수가 없어요.

그래서 저도 오늘 한 말씀 드리려면 준비를 했을 텐데, 와서 축사하라는 말씀이 전혀 없었어요. 그래서 그냥 이렇게 나왔습니다.

문화재단도 하고 여러 가지를 하고 있습니다만 제일 기쁜 것이 외국에 가거나 국내에 가거나 학술대회가 됐든 세미나가 됐든 간담회가 됐든 이런 계기를 통해서 사람을 뵙는 거예요. 이런 데 와서 또 보면 상당히 좋거든요.

저는 항시 그런 생각을 합니다. 사람이 살면서 제일 중요한 것은 인간이다. 성공도 여러 가지 성공이 있죠. 권력을 갖는 성공이 있고 명예를 갖는 성공이 있고, 그 밖에도 여러 가지 성공이 있습니다. 저는 가장 큰 성공은 인간 대 인간의 성공, 사람이 사람을 잘 얻는 성공이라고 생각합니다.

어머니가 저를 보고 하셨던 말씀이 '부모 팔아 친구 사라'는 말씀을 항시 하셨거든요. 근데 어머니, 아버지는 없는

데 아버지를 팔 순 없지 않습니까. 그러니 나를 팔아서 친구를 사라 그런 말씀이었는데. 제 나이가 지금 이제 소위 여든 다섯입니다. 살아오면서 보면 주변의 친구나 선배나 후배를 잘 두었기 때문에 제가 이 자리가 있는 것 아니냐 하는 생각이 듭니다. 고향이 우리나라에서도 뚝 떨어진 돌산이라는 섬인데, 그래도 여기 와서 여러분들 앞에서 마이크를 쥘 수 있다는 건 사람을 잘 사귀었기 때문에 그렇다는 생각을 하게 됩니다. 오늘 독립운동가이자 근대문화를 개척하고《개벽》지를 편집·발행하셨던 차상찬 선생님의 지나간 길을 되돌아보는 시간에, 무엇보다 여러분을 이렇게 뵙는 것이 상당히 기쁘다는 생각이 듭니다.

제가 출판계에 들어온 지도 오래됐고 또 공부하고 자료도 모으고 했습니다만, 차상찬 선생님에 대해서는 전혀 모르고 있었는데《인쇄문화》라는 잡지의 전무로 계시는 범우포럼 회원분이 저한테 잡지를 보내셨더라고요.

거기에 차상찬 선생님 일생에 대한 일부가 소개되어 있었는데 이렇게 독립운동을 하시고 어려운《개벽》지를 만드신 분이 계셨구나 하는 생각으로 이곳 〈데미안책방〉〈차상찬 문고〉에 와봐야겠다는 계기가 된 것입니다.

재단 기금의 70%를 고서를 팔아서 충당하고 있는데, 제가 만약 고서에 손을 안 대고 사고팔지 않았다면 범우출판문화재단이 있을 수 없었을 것입니다.

《개벽》지를 보면 창간호가 없습니다. 만약 창간호가 있다면 예측을 한번 해봅시다, 그 시가가 얼마나 나가겠는가. 《개벽》의 창간호는 전부 압수당해서 임시호로 나왔습니다. 그래서 지금 임시호의 값이 굉장히 비쌉니다.

끝으로 오늘 이 자리를 위해 김정숙 범우포럼 회장님께서 준비를 도맡아 잘해주고 계시는데, 발제문들을 읽어봤더니 상당히 공부가 될 것 같다는 생각이 듭니다. 이번 세미나가 만남의 즐거움과 지적 욕구를 충족시키는 계기가 되기를 바랍니다.

환영사

박래풍(〈데미안책방〉 점장)

〈데미안책방〉은 2018년 11월 14일에 지역주민들의 문화 활동을 지원하고 싶다는 취지에서 개방되었습니다. 저도 책방에서 오래 일했는데 대표님이 책광이어서 책을 엄청나게 좋아하시고 속독하시고 저보다 책 제목을 더 많이 아세요.

서점만 하면 재미없지 않을까 고민하다가 춘천이 차상찬 선생님의 고향이고 선생님의 아드님이 이곳에 살고 계셔서, 차상찬이라는 브랜드로 박물관을 만드는 조건 하에 협의가 잘 돼서 기증을 받아 〈차상찬 문고〉를 만들고, 기증받은 목록을 보관하고 다른 분들 열람할 수 있도록 하는 취지를 위해 이 공간을 운영하고 있습니다.

앞으로도 기회가 된다면 지속적으로 책과 문화에 대한 세미나를 준비해서 춘천 지역과 더불어 상생할 수 있는 공간을 만들고자 합니다. 오늘 먼 곳에서 와주셔서 감사하고 세미나 마치고 서점 구경 한 번 하고 가주시면 감사하겠습니다. 즐거운 시간 되십시오.

개회식 사회

박세영(범우포럼 제4대 회장단 집행부 총무이사)

범우포럼 김정숙 회장님 그리고 범우출판문화재단 윤형두 이사장님 너무나 감사합니다. 너무 길지 않았죠? 회장님께서 말씀해주셨던 또박또박 글 써야 된다, 새겨듣겠습니다. 그리고 항상 적어와서 얘기를 해야 한다, 제가 시작할 때에서 버벅대서 이걸 듣고 뜨끔했습니다. 정말 꼭 새겨듣겠습니다. 제일 중요한 성공이자 선물은 사람을 얻는 것이다, 이렇게 새겨듣도록 하겠습니다. 이 자리에 한상봉 선생님을 비롯해서 총 22분이 와 계시는데요. 다시 한 번 인사드리겠습니다.

그럼 지금부터 〈잡지인 차상찬 연구〉 주제 발제를 시작하겠습니다. 저는 여기까지 사회를 보고, 박원경 좌장님께서 제1부 발제 진행을 맡아주시겠습니다.

세미나

1부 발제 및 토론

1부 · 발제 및 토론

박원경(좌장, 한국저작권연구소장)

여러분 반갑습니다. 차상찬 선생님이 태어난 고향에서 제20회 범우출판포럼 학술세미나 〈잡지인 차상찬 연구〉를 하게 된 것은 굉장히 의미 있는 일이라고 생각합니다. 평소에 존경하는 윤형두 이사장님 내외분께서 참석해주셔서 더 의미 있고 앞으로 국내 세미나를 할 때 가까운 지리적 이점을 살려서 좀 더 심도 있게 하면 좋겠다는 생각을 했습니다.

평소 존경하는 출판학자, 교수님, 출판인들 오늘 보신 바 있겠지만 그 목적이 영리든 비영리든 출판은 사상이나 학문의 전파에 굉장한 역할을 하고 있습니다. 그 역할의 주체를 출판물과 출판인으로 나눈다면 출판물에 대한 연구는 많지만 출판인에 대한 전무한데 그런 의미에서 오늘 세미나는 중요한 주제를 잡았다고 생각합니다.

출판인은 저자의 원고를 가지고 기획해서 그 기획이 이

시대의 니즈(needs)를 어떻게 창출하고 역할할 것인가를 심도 있게 연구하고 유통까지 책임져 독자에게 전달하기 때문에, 출판인을 중심으로 연구한다면 주요업무 프로세스를 꿰뚫을 수 있고 출판인의 자세나 학문의 기초에 대해서 반석을 다질 수 있다고 생각합니다.

오는 동안 자료집을 배부해서 충분히 숙지하셨으리라고 생각하지만 오후 2시부터 30분간 김정숙 교수님의 발제를 듣고 10분씩 토론하고 나머지 10분은 자유토론으로 1부 진행한 뒤에, 2부 진행하도록 하겠습니다. 교수님들께서 시간 엄수 잘 해주시겠지만 좌장으로서의 역할은 시간을 철저히 지키는 것이라고 생각합니다.

백제예술대 교수이자 범우포럼 제4대 회장님이신 김정숙 교수님께서 〈차상찬, 그가 만든 잡지를 중심으로〉 발제를 진행하고 김미정 선생님, 김인철, 박몽구 교수님 세 분이 토론을 10분씩 진행하도록 하겠습니다.

1부 · 발제 논문

차상찬, 그가 만든 잡지를 중심으로

김정숙(백제예술대 교수)

들어가는 말

 안녕하세요. 백제예술대 김정숙입니다. 먼저 이곳 〈데미안책방〉에 와서 보니 규모나 섬세한 구성에 놀랐습니다. 그리고 더더욱 차상찬기념관에서 잡지인 차상찬 선생님의 업적을 기리는 발제를 하게 되어서 매우 뜻깊고 영광스럽게 생각합니다. 그럼 발제를 시작하겠습니다.

1. 서

 청오(靑吾) 차상찬(車相瓚) 선생(1887~1946)은 우리나라 근대 문화의 태동기에 잡지 언론의 사명을 다한 선구적 잡지인이

---

1) 《소년》지(1908~1911)가 최초 발행된 11월 1일을 기려 현재의 '잡지의 날'로 지정되었다.

자 독립운동가였다.

그가 평생에 걸쳐 만든 10여 종의 잡지는, 한국 최초의 근대잡지인 최남선의 《소년》지[1] 이래의 111년의[2] 잡지사에서 큰 획을 이루고 있다. 2010년에야 수여된 은관문화훈장은 그의 공적에 비해 늦은 평가이자 현양(顯揚)이 아닐 수 없다(한국인쇄협회, 2018).

차상찬이 잡지에 입문한 것은 24세(1910)에 보성중학교를 수석졸업한 이듬해, 보성전문학교(현 고려대) 법과 재학중이던 때였다. 《천도교회월보》 제2호(1911)부터 학술부를 담당하면서 잡지에 대한 기량을 닦았던 것이다. 모교에서 강의를 하던 차상찬이 다시 잡지에 관여하기 시작한 것은 《개벽(開闢)》지 창간 때부터였다(박길수, 2012, p.405 연보). 1920년에 창간된 《개벽》은 우리나라 종합잡지의 효시이자 사회적 약자를 위한 계몽과 애국심을 고취시켰던 민족지로서 그 사명을 다한 잡지였다. 《개벽》외에도 그가 관여한 잡지는 10여 종에 이른다. 평생에 걸쳐 매진한 잡지에 대하여 연구하고 그로 인한 그의 업적을 되새기는 것은 출판학을 전공하는 후학으로서 마땅히 해야 할 도리인가 한다. 이에, 본 연구에서

---

[2] 1908년 이래 111년에 걸친 한국잡지사는, 국외 발행 한인의 최초잡지인 《친목회회보》(1896), 《독립협회회보》(1896)로부터는 123년사를 기록하고 있다.

는 '일인십색(一人十色)'으로 일컫는 청오 선생의 많은 유적(遺績) 가운데 잡지인으로서의 업적에 집중하여 그가 만든 잡지 연구로 범위를 좁히고자 한다.

2. 《개벽》지와 차상찬

(1) 개벽사의 창설과 조직체

1919년 9월 개벽사의 창립준비가 시작되었다. 종합월간지 《개벽》 창간을 위해 창설된 준비였다. 이를 위한 창간동인은 천도교인 이돈화, 박달성, 이두성, 차상찬 등이었으며, 천도교도인 최종정의 1,000원과 변군항의 500원의 기부금으로 시작되었다.

1920년 6월 1일 발행된 창간호에는 편집인 이돈화, 발행인 이두성, 인쇄인 민영순, 사장 최종정이 명시되어 있다(김근수, 1966)[3]. 뒤늦게 방정환이 귀국하여 합류하였고, 정경부 주임이었던 차상찬은 이돈화·김기전·방정환에 이어 편집인 겸 발행인으로 취임하였다.[4] 창간호부터 인쇄는 주로 신문관(최남선 소유 인쇄소)에서 했다(차웅렬, 2008).

개벽사의 조직 구성은 편집국 내에 조사부, 정경부, 사회

---

3) 차상찬의 작품인 한시 '경주회고' '남한산성'이 《개벽》 창간호에 실려 있으므로 창간호부터 관여했음을 알 수 있다.

부, 학예부가 있고, 영업국 내에 경리부, 판매부, 광고부, 대리부가 있었으며 별도로 서무과를 두었다. 이 내용은 《개벽》 제29호(1922년 11월호) 기사 '개벽 사우제의 설행에 관한 취의와 규정'을 통해 알 수 있다.

특이한 것은, '대리부'였다. 대리부에 대한 설명은 제7호(1921년 1월호)의 '대리부 신설' 기사를 통해 밝히고 있다. '지방독자를 위하야…… 주문하시는 대로 독자를 대신하여 도매가로 물품을 정선하야 독자제위에게 발송'하기 위한 대리부 설치를 알리고 있다. 그러므로 대리부는 독자에게 서적을 위시한 일상용품의 통신판매를 담당했음을 알 수 있다.

송현동 34번지 천도교 경성교구 내에 사무실을 둔 개벽사는 본사뿐 아니라 전국 8도에 지사 및 분사를 두었고 해외인 중국과 일본에도 지사 및 분사를 두었다. 이는 개벽사의 보급망이 얼마나 컸는지, 그 영향력을 짐작할 수 있게끔 한다(〈표 1〉 참조).

---

4) 《개벽》지에 구성원의 이름을 열거한 것은 제7호(1921년 1월호)와 제31호(1923년 1월호) 두 차례였다. 제7호에 '강인택, 김기전, 노수현, 이돈화, 이두성, 민영순, 박달성, 박용희, 방정환, 최종정, 현희운'을 명시하여, 이들 11명을 창립 멤버로 보고 있다. 제31호에는 '오세창, 권동진, 최린, 민영순, 홍광호, 이돈화, 이두성, 김옥빈, 이재현, 차상찬, 김기전, 최종정, 박달성, 박군실, 박승철, 방정환, 이우명, 장희근'으로 18명이 명시되어 있다.

〈표1〉 개벽사의 증가된 유통망

		1921. 8.~1926 신설	1923~1926 증가수	1927~1930 증가수	1931~1935 증가수	합 계
국내	경기도	지사 2/분사 3	지사 1	지사1/분사2	지사9/분사1	지사13/분사6
	함경도	지사 1	지사6/분사12	지사10/분사9	지사13/분사2	지사30/분사23
	평안도	지사 3	지사3/분사18	지사10/분사5	지사20/분사6	지사36/분사29
	황해도	지사 1	지사1 /분사3	지사5 /분사3	지사 7	지사14/분사6
	강원도		지사4 /분사4	지사1 /분사3	지사2 /분사3	지사7 /분사10
	충청도		지사3 /분사2	지사3 /분사1	지사 6	지사12/분사3
	전라도	지사 2	지사9 /분사6	지사5 /분사5	지사17/분사2	지사33/분사13
	경상도	지사 2	지사11/분사6	지사4 /분사8	지사12/분사1	지사29/분사15
국외	중국		지사3 /분사8	지사 2	지사 9	지사14/분사8
	일본		지사 2	지사 2	지사5 /분사1	지사9 /분사1
합 계		지사11/분사3	지사43/분사59	지사43/분사36	지사100/분사16	**지사 197 분사 114**

* 출처: 유석환(2006),〈개벽사의 출판활동과 근대잡지〉, 성균관대 석사학위논문, P.9.

** 분사는 분매소와 판매소를 포함하여 집계.

(2)《개벽》지의 창간이념과 성격

《개벽》지 제호인 '개벽'은 동학 창시자인 최제우의 어록 중 "금불문고불문(今不聞古不聞)·금불비고불비(今不比古不比)[5]의 새 세상 건설을 규호한 일천하의 번복운동, 다시 개벽 아

---

[5] 옛적에도 듣지 못했고 이제 또한 들을 수 없으며 옛적의 그 어떤 도(道)와도 견줄 수 없고 이제 또한 견줄 만한 것이 없느니라.

닐는가"라는 말에 근원한다(김근수, 1966). 천도교의 기관지다운 제호였다.

《개벽》지 창간을 위한 조직이 1919년 9월에 발족되었는데, 그 시기는 창간이념과 성격을 파악하기에 긴요하다고 할 수 있다. 3·1운동이 일어났던 해였으므로, 그 성격이 천도교의 기관지 이상의 것, 곧 민족 저항의 정신에서 출발하였음을 짐작할 수 있다. 실제로, 천도교 청년교리강연부는 3·1운동으로 핵심 지도자들과 많은 교인들이 투옥되자 이를 타개하기 위한 수단으로 편술부를 두고 월간잡지를 발행하기로 결정했다(정용서, 2015).

《개벽》지의 성격이 가장 잘 드러난 것은 3주년 기념호인 제37호의 권두언 '돌이켜보고 내켜보고'를 보면 알 수 있다. 글 가운데 '조선민중의 잡지' '민중과 한가지로 흥폐존망을 결(決)하여 민중의 정신으로 정신을 삼으며 민중의 심(心)으로 심을 삼을 것'을 단언하고 있다. 이로써 《개벽》지는 천도교의 기관지 너머 한국 민중의 잡지임을 천명하고 있다.

이처럼 《개벽》지가 추구하는 정신 및 사조는 종교적 측면만을 고집하지 않고 다양성을 추구하고 있다. 천도교의 인내천(人乃天) 사상을 기반으로 함은 물론이지만, 학술·문예·시사를 다루는 만큼 김근수(1966, p.128)는 '인도주의와 자유주의 위에 사회주의를 가미했다'고 보았다.

《개벽》지는 권두언을 통해 '신문화의 건설' '교육과 산업

발전이 급무'임을 역설하였고 사회문제의 원민 및 추향, 중심인물 및 주요 사업기관의 소개 및 비평, 풍속, 교육, 종교, 역사, 지리, 명승고적에 이르기까지 직접 조사하고 연재함으로써 근대화의 막중한 추진체가 되었다.

1/3 또는 1/2 지면을 할애한 문학 지면을 통해 우리가 익히 아는 김소월, 주요한, 김동인, 김기림, 염상섭, 이광수, 최남선 등의 작품 및 문학비평문 등이 실려 있다. 〈빼앗긴 들에도 봄은 오는가〉〈표본실의 청개구리〉 등 우리의 문학사에 큰 획을 그은 작품들이 《개벽》지에 소개된 점만을 보아도 《개벽》지의 저항정신과 그 위상을 짐작할 수 있다.

대중운동을 선도하는 데 주력한 《개벽》지는 '그 시대의 가장 영향력 있는 조선의 공론장'(최수일, 2008)으로 평가되었던만큼 민족주의 정신 및 민족 저항의 정신을 담고 있었던 것이다.

(3) 《개벽》지와 차상찬

《개벽》지는 창간호(1920. 6. 25.) 이후 72호를 발행하기까지 일제의 언론탄압을 37회나 받을 만큼 민족저항정신을 담은 언론매체였다. 발매금지가 34회, 정간이 1회, 벌금 1회의 탄압이 가해지다가 72호(1926. 7. 1.)를 마지막으로 '안녕질서를 방해한다'는 조선총독부 경무국에 의해 발행금지 당했다.

《개벽》지는 창간호부터 탄압을 받았다. 표지에 호랑이가

지구를 타고 앉아 울부짖는 모습이 우리 민족의 독립기상을 나타낸 것이라는 점 외에도 차상찬의 한시 '경주회고'와 '남한산성' 전문이 삭제당했다. 그밖에도 김기전의 시와 소설이 부분삭제를 당하자, 하는 수 없이 '호외'를 발행했다. 그러나 그것마저도 차압처분을 당하자 표지화 없는 백지표지에 '임시호'라는 명칭을 붙여 창간호를 발행했다(차웅렬, p.49).

매호 평균 2만 부 발행[6]이란 획기적 발행부수는 당시 《개벽》지의 구독에 우리 민족이 얼마나 열광적이었는지, 그 영향력을 짐작하게 한다. 《개벽》지의 가격은 처음에 40전이었다가 제1차세계대전 이후 치솟기 시작한 물가를 감당할 수 없어 15호(1021. 9. 1.)부터 50전으로 인상하였다. 그렇지만 배대호 또는 특대호를 제외하고는 폐간될 때까지 50전을 유지하였다.

이 무렵 정경부 주임으로 알려져 있던 차상찬은 《개벽》지 발행 6년 동안 잡지에 이름이 명시된 것은 21호(1922년 3월호) '편집국 소식' 지면에 '정경부 주임 차상찬'이 처음이다. 편집진 18명을 명시한 31호(1923년 1월호) '근하신년' 지면에는 명확히 기록돼 있다(각주 4) 참조). 1921년 1월호에 이름이 없

---

6) 개벽사에서 발행한 《어린이》 76호(1930. 7. 20. 발행)에 '사고(社告): 놀라지 말라 잡지 발행 척수(尺數)가 월세계(月世界)까지'(56~57쪽)에 실린 내용. 당시 인구를 '2천만'으로 보는 문헌으로 보아 2만 부 발행은 획기적 부수였다.

었던 것으로 보아 1921년 무렵에 정경부 주임이 되었을 것으로 짐작할 수 있다.

1923년에 차상찬은 지방호를 준비하기 위해 지방출장에 주력했다. 33호(1923년 3월호) 편집후기에 '편집자 4인 중 3인이 출타하옵고'로 보면, 차상찬은 《개벽》지 도호(경남도호) 발행 때문에 주로 지방 답사중이었다.

이후, 36호(1923년 6월호)에 한시 1편과 잡조(雜俎)란에 '噫魚腹의 香魂'을 '靑吳'라는 호로 싣고 있는 것이 차상찬임을 알 수 있는 지면의 등장이다. 물론, '차(車)특파원'이나 '차천자(車賤者)'처럼 차상찬임을 알 수 있는 필명 외에도 다양한 필명을 갖고 있는 차상찬으로서는 그 이전부터 알려지지 않은 필명으로 기사를 담당했으리라는 것은 짐작으로 알 수 있다. 언론탄압 시대가 불러온 알 수 없는 필명(무기명이 태반이고 기자, ○○산인, ○○생, 영문 이니셜 등)은 《개벽》지 창간호부터 수두룩했기 때문이다.

'차상찬'의 이름을 밝혀 싣고 있는 것은 창간호의 필화 이래 51호(1924. 9. 1.)의 논문 5편부터이다. 창간호부터 필화의 운명을 같이했던 시 '금싸락'과 '옥가루'의 필자 김기전과 공동필자로서 논문 '평남이부(平南二府) 14군(十四郡)' '만주표(滿洲栗)에 목매는 세민(細民)의 생활고(生活苦)' 등 5편과 수필 한 편을 싣고 있다. 이후로 매호마다 본명을 통해 직언의 필봉을 휘두르고 있다. 특히, 58호(1925. 4. 1.)에는 11편의 답사기를 본명으로 싣고 있으며, 60호(1925. 6. 1.)에 '가경可驚할 황해도내(黃海道內)의 일본인 세력' 등 4편의 논문을 본명으로 싣고 있다.

61호(1925. 7. 1.)에는 특집 '조선민족과 조선의 자랑'에 차상찬은 '천혜天惠가 허다한 조선의 지리'를 실었고 62호(1925. 8. 1.)에 '해외에 계신 동포 제씨에게'라는 글에 해외에서 독립운동에 전신하는 애국지사들의 인물론을 실었다는 이유로 필화를 입어 당시 편집주간이었던 차상찬은 구타와 고문을 당하고 《개벽》지는 3개월 정간을 당하였다(차웅렬, p.53).

이후로도 70호(1926. 6. 1.)에 이상화의 시 '빼앗긴 들에도 봄은 오는가'로 편집인 차상찬은 발달성과 함께 총독부 경무국에 불려가 심한 문초를 받았다.

3. 《개벽》지 외 개벽사 발행 잡지와 차상찬

개벽사에서는 《개벽》지 발행하는 동안이나 폐간 후에도 여러 종의 잡지를 발행하였다. 《개벽》지 창간 이후 15년 동안 《부인》《신여성》《어린이》《조선농민》《신인간》《별건곤》《학생》《혜성》《제일선》《신경제》 등 모두 11종의 잡지를 간행하였다. 그밖에도 간간이 단행본을 출판하였다.[7]

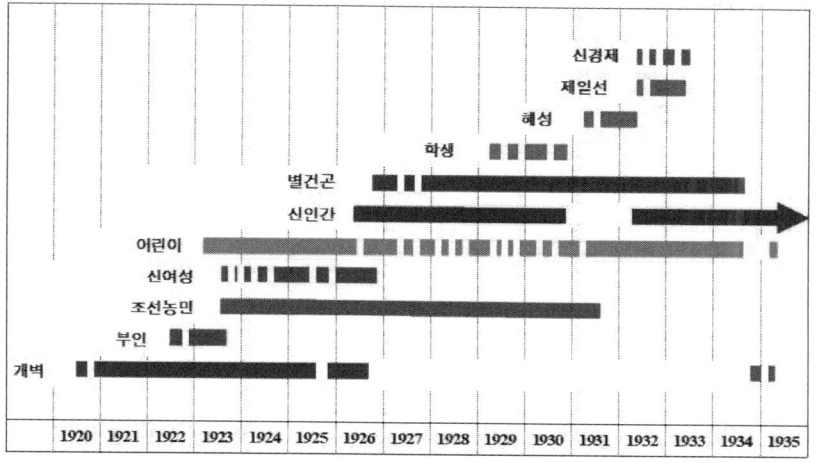

〈그림1〉 개벽사 발행 잡지들의 발간상황—총 11종

* 정용서(2015). 개벽사의 잡지 발행과 편집진의 역할,《한국민족운동사연구》, 2015. 봄호, pp.148-152의 표와 내용을 그림으로 재구성함.

** 각 잡지의 휴간월을 흰 색으로 표시함.

***《신경제》지는 10호(1933. 6.) 이후의 발행 여부가 불분명함. 여기에서는 10호까지로.

---

7) 개벽사에서 출판한 단행본은《사랑의 선물》(1922),《조선지위인(朝鮮之偉人)》(1922),《사회주의학설대요》(1925),《중국단편소설집》(1929) 등이 있다.

〈그림 1〉에서처럼 개벽사는 늘 3~4종의 잡지를 내고 있어 편집부 내에서는 잡지별로 어린이부·학생부·신여성부 등으로 구분되어 있었지만, 한 사무실에서 담당업무를 나누었다기보다는 상호 협력하는 분위기여서 차상찬 또한 각 잡지에 필진으로 등장하였다. 이렇듯 1인 다역을 하다보면 필명이 다수 생기게 마련이었을 것이다.

개벽사에서 1920~1935년까지 11종의 잡지를 발행하는 동안 일제의 억압을 받는 가운데 500개 호의 잡지 출판은 괄목할 만하다. 이 가운데 《신인간》지는 지금까지도 발행하고 있는 최장수 잡지라 할 수 있다.

당시 개벽사가 독보적 잡지사로서 부상할 수 있었던 것은 잡지시장의 선점과 독자적 차별성에 있었다.

3·1운동 이후의 당시는 일제의 무단정치에서 문화정치로의 전환기였고, 잡지시장은 종교잡지와 문학 동인지를 축으로 움직이고 있었다. 종교잡지를 표방한 종합잡지로서 《개벽》지는 시사종합지에 대한 선점을 했다. 당시는 정기간행물이 때맞춰 발간되는 일이 어려웠던 때여서 정기발행을 준수했던(언론탄압을 받을 때를 제외하면) 《개벽》지는 독자들의 신뢰를 획득할 수 있었다. 신뢰성을 기반으로 한 대중성의 확대는 개벽사의 잡지에 대한 명성으로 이어졌다.

그러자 1922년 후반부터 1923년 전반까지 시사잡지가 대거 등장했지만 출판검열의 억압으로 대부분 잡지시장에서 사라져갔다. 내용상으로도 '사회주의' 이론을 담지한 《개벽》지는 당시 여론의 중심역할을 했다.

개벽사에서는 《개벽》지 외에도 여성잡지 《신여성》, 아동잡지 《어린이》가 당시 독보적 위치를 차지하였으므로 지속적인 출판검열의 압박에도 흔들리지 않고 구심력을 발휘하였다. 차상찬 또한 《어린이》지에 역사 이야기를, 《신여성》지에 야사를 연재하였다. 그리고 《조선농민》지에는 야사와 민요를 발굴하여 연재하였다. 일제의 치하에서 우리말과 우리 역사에 대한 보전정신은 그 어느 때보다도 절박한 때였으므로 차상찬은 글을 통해 나라를 지키는 것이나 다름없었다.

그러나 《개벽》지가 발행금지 처분으로 강제 폐간되자 《신여성》지도 폐간이 되었다. 아동잡지인 《어린이》는 발행을 지속했는데, 1926년 전후로 아동잡지 시장이 호황을 맞이하여 《어린이》지 또한 기존의 독점력을 상실할 수밖에 없었다.

그러나 개벽사는 이에 굴하지 않고 《개벽》지가 폐간된 그해 1926년 11월에 《별건곤》지를 창간함으로써 '취미잡지'라는 새로운 영역을 개척하였다. 당시 개벽사 이사였던 차상찬은 이 《별건곤》지의 책임을 맡아, 편집인 겸 발행인으로 활동하였다(박종수, 1996). 기존의 《개벽》지와 《신여성》지의 독자들이 잠재적 독자가 되어주었으므로 3만 부 발행이라는 획기적인 독점력을 보여주었다.

개벽사에서는 이때 보국안민과 민족의식을 높이는 데 힘쓰기 위해 《신인간》지(1926. 4. 1.~현재)를 창간하였다. 54호(1930. 12.) 이후로 자진 휴간했다가 1년 4개월 만에 55호(1932. 5.)를 속간했다. 그 뒤에도 휴·속간을 거듭하다가 1945년 1월 마침내 일제에 의해 폐간당했다. 그러나 우여곡절을 겪으며 속간했다가 현재에도 60여 년째 계속 발행 중이다.[8]

《별건곤》지는 '대중적 취미독물을 독자적 영역으로 구축한 잡지'(이경돈, 2004)라는 일반적인 평가 외에 '대중 시민사회의 공론장'(김복순, 2014) 역할을 했다는 평가도 받고 있다. 김복순(2014, p.45)은 "계몽이 약화된 에로 그로 테로 추로 넌센스 방식을 취했다"고도 보았다.

《별건곤》지에도 필화사건은 끊임없었다. 1927년 7월호에 실린 백상규 교수(보성전문학교)에 대한 인물평으로 필화사건을 유발, 차상찬은 방정환과 함께 피검되기도 했다.

1931년 방정환이 요절하자 개벽사는 차상찬 혼자 떠맡게 되어 차상찬은 편집인 겸 발행인으로서 《혜성》(1931. 3. 창간)과 《제일선》(1932. 5. 창간)을 창간하였다. 《혜성》지와 《제일선》지가 시사종합지의 성격을 띠게 됨으로써 《별건곤》지를 보

---

[8] 1955년 11월부터 다시 속간하여 32호까지 펴냈다가 재정난으로 법적 발행실적을 채우지 못하여 잠시 〈새인간〉으로 제호를 바꾸고 1965년부터 1968년 3월까지 격월간으로 18호까지 펴냈다. 이후 1968년 4월부터 월간으로 바꾸어 오늘에 이르고 있다.

완하고 폐간된《개벽》지의 역할을 수행하였다. 그러나 당시는 김동환의《삼천리》지와 신문사 발행 시사잡지인《신동아》지가 시장을 장악하게 되어《개벽》속간호에까지 영향을 미쳤다.

《개벽》지가 폐간된 지 8년 후, 개벽사는 1934년 11월 창사 14주년을 맞이하여《개벽》속간호를 발행하였다. 편집 겸 발행인이었던 차상찬은《개벽》지 속간을 위해 사재를 털었고, 개벽사 창립 멤버들이 거의 세상을 떴으므로 이정호와 함께 재정난과 검열난을 뚫기 위해 고군분투했다.

신간 1호(1934. 11.) '편집여묵'란에 밝힌 속간의 의지는 '조선의 가장 충실한' 문화적 대잡지임을 내걸고 '문예창작란의 확충을 꾀하야 문단발전에의 획기적 일선을 긋고저'라는 의지를 표명하고 권두언에 '이상적 민족성'을 강조하며 조선민족이 처한 엄정한 현실을 개척하자고 제안하고 있다. 3호에 실린 권두논설 '조선지식 계급과 기 방향'은《개벽》지의 '문화 및 사회담론의 공론장'의 성격을 보여주는 것과 같았다.

신간 4호(1935. 3.)에 차상찬은 '조선신문 발달사'를 통해 신문의 역사를 개관하고 당시의《조선일보》《동아일보》《중앙일보》를 향해 비판의 시선을 보내는 글을 싣고 있다. 신문을 잡지가 감시하는 잡지 미디어의 기능을 여실히 수행하고 있었던 것이다.

그러나 《개벽》지의 마지막 호인 1935년 3월호 편집후기에 '편집자 박영희 검거' 소식을 끝으로 개벽사는 잡지의 기치였던 '민족적 신문화의 건설'을 이루지 못하고 조선의 공론장을 재편하려는 의지가 꺾이게 되었다. 그리고 개벽사에서는 일제의 언론탄압으로 더 이상 어떤 잡지도 발행할 수 없었다.

4. 결 : 잡지인 차상찬

《개벽》지는 본격적 종합잡지의 효시로서 한국 잡지사의 상징적 위상을 갖고 있다. 우리나라 신문화사에 있어 '가장 권위 있는 대표적 종합잡지'로서 우리에게 문화적으로 사상적으로 큰 영향을 준 잡지였다(김근수, p.129). 개벽사 이후 그 어떤 식민지하의 잡지사도 개벽사와 같이 독자대상별로 다종의 잡지를 발행하지 못했다(유석환, p.94).

이렇듯 개벽사의 역사는 한민족의 역사였으며, 개벽사에서 만든 잡지가 받은 억압의 상처는 민족수난사였다. 이처럼 《개벽》지를 중심으로 한 개벽사의 발행잡지 중심에는 오롯이 잡지인 차상찬의 공로가 담겨 있다.

개벽사에서 발행한 잡지는 《개벽》지를 위시하여 《개벽》지 창간 이후 15년 동안 《부인》《신여성》《어린이》《조선농민》《신인간》《별건곤》《학생》《혜성》《제일선》《신경제》 등 모두 11종의 잡지를 창간하였다. 총 11종에 이르는 잡지를 발행하는 동안 차상찬은 편집기자로서뿐만 아니라 필자로서 정치·사회·인물만평·사회풍자·만필·소화(笑話)·민속설화 등의 분야에서 410편에 달하는 다양한 글을 잡지에 발표하였다. 알려진 필명만 해도 50여 가지에 이르렀고 미확인된 필명만도 10여 가지였으니, 410편보다 훨씬 많은 양의 편수가 있었을 것이며 이를 수행할 역량이 출중한 1인 다역의 잡지인이었다.

물론 '십인십색'으로 일컬어졌던 차상찬은 1936년 경성중앙방송국 방송위원으로서 방송도 했고 타사 잡지에 연재도 했으며 신문에 소설을 연재하던 집필가로서 저서 또한 적지 않다. 그러나 본 연구에서는 차상찬이 만들어온 11종의 잡지를 통해 그가 이룬 업적을 중심으로 거론하면 다음과 같은 점이 도출된다.

첫째, 의견지를 만든 점이다.

개벽사에서 발행한 11종의 잡지 가운데 차상찬이 주력하거나 주도했던 잡지는 시사를 중심으로 담론을 생성해내는 《개벽》과 《별건곤》《혜성》《제일선》이었다. 이들 잡지가 갖는 특성은 사상·종교·역사·철학·문화·문학 등의 분야에서 오피니언 리더들의 논의와 담론을 펼치는 의견의 공론장 역할을 함으로써 근대적 지식과 정보체계를 형성하는 중심에 있었다. 임화는 "《개벽》과 《조선지광》이 두 잡지가 조선의 사상계와 문예계를 좌우하고 공헌한 것은 실로 신문보다 크다"(정현숙, p.90)고 하였다.

둘째, 한민족의 역사의식을 고양함으로써 민족의 정체성을 심어주었다.

차상찬은 역사와 지리, 민속, 민요, 야사 등을 수집하고 관련지식과 정보를 잡지를 통해 보급함으로써 한민족의 정체성을 굳건히 하였다. 이를 위해 종합시사지에도 기사를 전담했지만 여성지, 어린이지[9], 학생지, 농민지에도 연재하는 글을 씀으로써 비록 일제의 강점 치하이나 전민족이 역사의식을 통해 민족의 정체성을 갖게끔 고무하였다.

이와 함께, 북한 지역을 포함한 전국의 생활상, 사진, 통계 등 구체적 사회상을 잡지에 담음으로써 자료적 가치 또한 높다.

셋째, 민족문학의 역사를 썼다. 《개벽》지를 통해 당시의 기라성 같은 작가들의 작품마당이 되어주어 김소월, 이광수, 김동인, 현진건, 염상섭, 이상화 등의 작품을 널리 알렸다. 김동인은 "조선의 전 문인이 《개벽》을 무대로 놀았고, 《개벽》이 조선문예에 끼친 공로를 결코 몰각할 수 없다"했

---

9) 《어린이》지에만도 '사화' '사담' '역사동화'라는 제목 아래 역사적 사건이나 영웅들의 이야기를 통해 민족적 자긍심을 고양하는 글이 60여 편 실려 있다(정현숙, 2017, pp.82-83).

는데, 이 무대를 마련해준 이가 차상찬이라는 사실을 간과 할 수 없다(정현숙, p.90)고 했다. 차상찬은 《제일선》지를 통해 김유정과 같은 신인의 등단의 장을 마련하였는데, 이처럼 신진작가 등용의 발판이 되어줌으로써 조선문학 전반의 역사를 함께 써나간 것이나 다름이 없었다.

넷째, 대상독자층에 따라 각각의 잡지를 출간했던 최초의 발행사였다(물론 최초의 근대잡지의 제호가 《소년》이었던 영향력을 간과할 수는 없다). 그러나 한 발행사에서 지식인, 어린이, 학생, 여성, 농민 등을 대상으로 하는 잡지를 발행하는 사례는 오늘날에도 보기 어려운 점이다. 잡지 지면의 절반 이상을 편집부에서 전담하다시피 했던 당시의 상황에서 동시에 3~4종의 잡지를 발행하는 여건을 가장 오랫동안 지켜낸 차상찬의 공로는 가히 경외적이다.

이밖에도 차상찬은 당대를 풍미했던 개벽사의 위상과 걸맞게 1923년 조선잡지협회 창설에도 기여하는 등 잡지인으로서 그의 업적은 다대하다.

차상찬은 "차상찬의 목이 달아나도 그에게서 바른 말을 없앨 수는 없다"는 당시 세인들의 평가처럼 겨레의 울분을 붓으로 휘둘러 일제에 항거한 진정한 잡지언론인이었다.

1부 · 발제에 대한 토론

박원경(좌장)   원래 음성도 좋으신 데다 공부도 깊게 하시고 시간도 엄수해주셔서 너무 감사합니다. 우리가 이곳에 130년 타임머신을 타고 온 것 같은데, 내용은 볼 수 없지만 자세하게 설명을 해주시니 더욱더 깊이 빠져드는 것 같습니다. 여기 기다리고 계시는 훌륭한 토론자 두 분이 계십니다. 먼저 서강대 김인철 교수님 토론 부탁드리겠습니다.

김인철   안녕하십니까. 김인철입니다. 제가 얼마 전까지 서강대학교 겸임교수로 근무를 했는데 현재는 적을 두고 있지 않습니다. 참고로 말씀드립니다.

  먼저 3·1운동과 대한민국 임시정부 수립 100주년을 맞는 올해에 우리 범우출판포럼에서 이런 주제로 세미나를 기획한 것에 대해서 상당히 좋은 기획이었다고 생각을 합니다. 발표자 김정숙 교수님께서 쓰신 논문을 잘 읽어봤는데요. 김정숙 교수님은 이미 우리나라 잡지에 관한 연구를 많이 해서 잡지연구에 일가견이 있는 분입니다. 아시다시피 우리나라 잡지사에 큰 획을 그은 시사종합지 《다리》지, 한국 최초의 근대잡지 《소년》 그리고 이외에도 많습니다만 대표적으로 우리나라 여성잡지의 문제점 등에 관한 논문을 발표하신 분이죠.

이번에 다시 우리나라 잡지사의 큰 별로 기억되는 차상찬 선생과 《개벽》에 대한 연구논문을 발표하시는 걸 보면서 학문적 열의에 경의를 표합니다.

김정숙   감사합니다.

김인철   김정숙 교수님의 논문은 문헌조사가 상당히 잘 되어 있고 자료조사도 폭넓게 이루어진 것으로 보입니다.

그래서 이번 연구는 차상찬 선생의 잡지사에 남긴 공저, 민족지 《개벽》의 가치를 다시 한 번 더 돌아보게 하는 아주 의미 있는 연구 성과라고 생각합니다. 이번 세미나에 참여하게 되면서 관련 자료들을 찾아봤습니다. 몇 가지 주목한 점에 대해서 집중적으로 말씀드리도록 하겠습니다.

먼저, 3·1운동과 대한민국 임시정부 수립 100주년을 맞는 올해 우리 범우출판포럼에서 잡지인 청오 차상찬 선생과 민족언론《개벽》지를 주제로 정기세미나를 개최하는 것은 매우 시의적절하고 뜻깊은 기획이었다고 생각합니다.

발표자 김정숙 교수는 이미 우리나라 잡지에 관한 많은 학술논문을 발표한 이 분야의 전문가입니다. 잡지사(雜誌史)에 큰 획을 그은 시사종합지《다리》지에 대한 연구를 비롯하여 한국 최초의 근대잡지《소년》에 대한 연구 그리고 우리나라 여성잡지의 문제점 연구 등을 통해 우리나라 잡지 연구에 크게 기여한 바 있습니다.

김 교수는 이번에 다시 우리나라 잡지사에 큰 별로 기억되는 청오 차상찬 선생과《개벽》에 대한 연구논문을 발표하였는데, 그 학문적 열의에 경의를 표합니다. 폭넓은 문헌조사와 자료조사가 돋보이는 이번 연구는 차상찬 선생의 잡지사에 남긴 공적과 민족지《개벽》의 가치를 다시 한 번 더 돌아보게 하는 의미 있는 연구성과라고 생각합니다.

발표자가 연구논문에서 밝힌 바와 같이,《개벽》은 일제식민지 하 조선 민족에게 애국심을 고취시키고 민족문화를 실현한다는 사명감 아래 만들어진 민족지로서 우리나라 종합잡지의 효시이자 잡지문화를 한 단계 높여준 잡지입니다.

월간지였지만 그 영향력이나 내용 면에서 당시《조선

일보》《동아일보》《조선중앙일보》 같은 일간지들과 어깨를 겨루는 '언론'으로서의 지위를 확고히 했던, 우리나라 근대문화의 여명기 잡지언론의 선구자였습니다. 일제치하 그 엄혹한 시기에 만6년간 72호를 발간하고 그후 1934년 1946년 두 차례나 복간되어 통권 85호까지 발행했다는 것만으로도《개벽》은 우리 잡지사에 있어서 대단한 존재감을 지닌 잡지임이 분명합니다.

발표자도 주제발표문에서《개벽》이 문학사에 큰 획을 짓는 역할을 하였다고 지적하고 있는데, 토론자는 특히 문학사적 측면에서《개벽》에 주목해 보고자 합니다.《창조》나《폐허》와 달리 순문예지가 아니면서도 창간 이래 우리 문학사에 뚜렷한 발자취를 남겼기 때문입니다.《개벽》은 전체 지면의 약 3분의 1 또는 그 이상을 문학과 예술 면으로 할애하여 소설·시조·희곡·수필·소설 이론·그림 등을 게재하였습니다.

이 땅에 사회주의 사상의 물결이 밀려든 1923년께부터《개벽》의 문예란이 활성화되는데, 이 무렵 거의 매호 마르크스주의 문학이론을 싣습니다. 뒤이어 신경향 작가들도 합류함으로써《개벽》은 사회주의 문학의 거점 같은 모습을 띠게 됩니다. 주지하다시피 당시 사회주의는 이념이나 사상이라기보다 일제에 대한 저항의식에 근거한 것이었기 때문에, 사회주의와 거리가 있었던 염상섭·현진건·김억·이상화 등 당시 유명작가들도 대거 《개벽》에 작품을 실었습니다.

결론적으로 사회주의 문학의 출발점이 되고 1930년대 우리나라 리얼리즘 문학을 꽃피우는 밑거름이 됨으로써 한국 근대문학의 저변을 확장시키는 결과로 이어졌다는 점에서 우리 문학사에 끼친 영향은 지대합니다.

이번 세미나에 토론자로 참여하게 된 것을 계기로 관련 자료들을 들여다보다가 차상찬이 뛰어난 편집인이자 발행인이었을 뿐만 아니라 뛰어난 기자이자 문필가이자 문화사학자임을 알게 되었습니다. 특히 차상찬이 개벽 사(社)가 기획한 팔도답사 보고서인 '조선문화의 기본조사'에 참여하면서 1920년대 식민지 조선 팔도 곳곳을 누비고 다니며 기록한 답사기에 주목하게 됩니다.

당시 각 시군의 주민 구성, 일제에 의한 경제침탈 현황, 식민지 통치의 실상, 그 지역의 변화상 등을 현실감 나게 기록하고 이에 더해 명승고적이나 인심과 풍물을 함께 거론하고 있기 때문입니다. 당시의 사회상과 생활상 더 나아가 우리 문화사를 연구하고 이해하는 데 귀중한 사료임이 분명하다고 생각합니다.

발표자를 비롯한 많은 후학들이, 편집자이자 발행인으로서의 차상찬 연구에서 더 나아가 그가 집필한 많은 글들에 대한 심층적인 연구를 통해 차상찬의 더욱 빛나는 모습을 발견해내는 것이야말로 후학들이 그에게 바치는 더욱 큰 찬사이자 현양이 아닐까 하는 생각을 해보면서 토론문을 마무리합니다.

끝으로 김정숙 교수님께 아주 사소한 질문을 드리겠습니다. 발표논문에 '개벽 창간 시에 천도교도인 최종전에 1,000원 500원' 그리고 《개벽》지의 책값이 처음에 40전에서 50전으로 인상을 했다'는 부분이 있는데요.

지금의 화폐 가치로 환산하면 어느 정도의 금액일까 하는 궁금증이 들었는데 제가 찾아보지 못했습니다. 그리고 '배대호, 특대호 제외하고는 폐간될 때까지 50전을 유지했다'고 되어 있는데요. 배대호가 무엇인지 설명 부탁드리겠습니다.

윤형두 회장님께서도 차상찬 선생을 몰랐다고 하지 않으셨습니까. 사실 저도 잘 몰랐습니다. 얼핏 이름만 들었지 자세히 몰랐었는데 토론문을 준비하면서 차상찬 인물의 대중적 인지도랄까, 잘 알려져 있지 않은 인물인데 요즘 들어 차상찬이라는 이름이 언론 등에 등장하고 갑자기 조명을 받는 이유가 뭘까 생각해봤는데요.

가장 큰 이유는 그분의 고향인 강원도 춘천에 후손, 후학, 후예 이런 분들이 차상찬 선생에 대한 자부심, 그분의 공적을 기리고자 하는 활동이 2012년 청오 차상찬 기념사업회에 의해 춘천에서 만들어졌고, 그 이후에 지방자치

단체, 지방대학, 지방연구소, 〈데미안책방〉 박래풍 점장님이 말씀하셨듯이 지방의 기업가까지 전부 한마음이 돼서 차상찬 선생의 공적을 기리려는 노력을 많이 했더라고요. 최근에는 차상찬 전집 1·2·3권도 발간이 됐습니다. 5월 중순에 큰 학술대회도 열었습니다.

이런 현상을 보면서 느낀 것은 역사를 잊지 않고 기억하려는 노력, 그런 노력이 있을 때만이 영광스러운 역사 기록으로서 오래 남겨지는 것이라는 생각을 하게 되었습니다.

박원경(좌장) 좋은 질문 감사합니다. 다음은 김미정 회장님께서 토론해주시겠습니다.

김미정 안녕하세요. 저는 한국 북큐레이터협회 협회장을 맡고 있습니다. 지금 큐레이팅 활동이 사회적으로 많이 강화되고 있는데요. 토론자로서 이 귀한 자리에 초대해주셔서 감사드립니다.

제가 반성하게 되는 게 사실은 차상찬이라는 인물에 대해서 2년 전 이곳에 와서 직접 보고 알게 됐어요. 개인적으로 〈데미안책방〉이 생기기 전에 저희 협회로 '춘천에 서점을 만들 거다, 큐레이션된 서점을 하고 싶은데 도와줄 수 있느냐'는 전화를 받게 됐었어요.

제 기억으로 이름도 잘 기억 못하고 또 전화번호에 춘천서점이라고만 저장해놓고 사실은 조그마한 골목길에

들어서는 작은 구멍가게 같은 서점일 거야, 내가 가서 뭔가를 좀 도와줄 수 있지 않을까? 하고 왔다가 깜짝 놀랐어요. 옥산가 대표님도 뵙게 되고 그런 상황에 저의 무지함을 탓하고 싶은 건 뭐냐면, 잡지가 이렇게 모여 있을 때 저는 단순히 대표님의 취미생활인 줄 알았어요.

이번 계기로 개벽사에 대해 공부를 하면서 차상찬이라는 분에 의한 잡지들에 관계되는 것들이 수집되어 있다는 생각을 했고, 너무 좋더라까지만 생각하고 사실은 공부하거나 더 찾아볼 생각은 안 했거든요. 그러다 이번 기회를 통해 찾게 되었는데 조금 더 깊이 있게 알 수 있게 되어서 감사드립니다.

잡지이기는 하지만 차상찬 선생님을 비롯해서 앞서가는 사람들의 인간적인 고뇌가 굉장히 컸겠다는 생각이 들었고, 우리가 그냥 이렇게 잘 먹고 잘 사는 시대에도 사실은 삶에 대한 고뇌가 큰데 그 시대 아픔 속에서 어떤 의지를 가지고 그것을 표현한 잡지를 통해서 의지를 굽히지 않고 유지했다는 것은 상당하다는 생각을 참 많이 했습니다.

제가 정리한 것은 김정숙 교수님께서 정리해주신 데 조금 빠져 있는 부분 등을 할애해서 정리해봤는데요. 저도 사실 차상찬 선생님을 잘 모르고 그분에 대한 이야기들을 편집할 수밖에 없는 입장이더라고요. 그래서 이곳저

곳에서 찾아서 수집한 정보들을 정리해봤습니다. 사전에 준비한 원고를 읽도록 하겠습니다.

청오 차상찬(1887~1946) 선생은 붓을 들고 일제에 항거하는 잡지·언론의 선구자로서 사명을 다한 지식인이자 조국의 광복을 위한 독립군이었다. 민족문화사의 위대한 스승으로서의 청오 차상찬은 지면으로 민중을 계몽하고 애국심을 가르치며, 민족의 역사와 전통을 계승하고자 당대의 위기를 극복할 지혜와 힘을 기르는데 일생을 바친 인물로 알려져 있다.

출판의 역사적 관점에서 보는 한국의 개화기는 세계 강대국들의 틈에서 국가 존립이 위태로움을 서적을 통해 극복하고자 애쓰던 시기였다. 국가의 위기에 대처하지 못하는 부패하고 무능한 정부 대신 민족의 선각자와 지식인들은 출판물을 통하여 국민 계몽에 적극 나서서 국난을 극복하고자 했던 것이다.

국민을 계몽하기 위한 도서들은 정치·외교, 지리, 역사, 전기 등의 분야에서 특히 많았다. 이는 독립된 국가로 바로서기 위한 합리적인 국가사상을 알리고, 국민의 권리와 의무를 깨우쳐주었다. 또한 우리의 국토에 대한 인식을 환기시켰고, 새로운 세계 질서를 자각할 수 있도록 해주었다.[10]

이 무렵 일제는 출판 검열과 발매 금지 등의 수단을 동원해 독립정신이나 민족의식을 고취하는 책이나 우리의 고유문화를 알리는 책들을 금지시켰다. 또한 정치성·사상성이 극도로 제약되었기에 종교지와 아동지·문예지가 중심을 이룰 수밖에 없는 사회여건이었다. 그즈음인 1920년 6월 잡지 《개벽》이 창간되었다 그러나 《개벽》은 6월 25일에 발행된 창간호부터 일제에 의하여 발매반포를 금지당하는 수난을 겪었다. 결국 1926년 8월 제72호를 끝으로 강제 폐간될 때까지 《개벽》은 모진 박해와 탄압을 받는 민족 수난사의 한 단면을 보여주는 역사적인 잡지로 남았다.[11]

《개벽》은 항일운동과 신문화운동을 활발히 전개하던 천도교단에서 민족문화실현운동으로 세운 개벽사의 종합월간지다. 천도교는 민족문학 수립과 민족전통 문화유산 확립을 기본으로 언론·학술·종교·문예를 게재하는 종합월간지인 《개벽》의 창간 이유를 "세계사상을 소개함으로써 민족자결주의를 고취하며, 천도교사상과 민족사상의 앙양, 사회개조와 과학문명 소개와 함께 정신적·경제적 개벽을 꾀하고자 함"이라고 밝히고 있다.

《개벽》의 기사 영역은 종교·사상·정치·경제·산업·

---

10) 부길만,《지식기반 사회와 출판의 역할》(한국출판역사, 2013. 2. 25.)
11) 〈잡지의 역사(두산백과)〉(네이버지식백과 발췌)

역사·천문·지리·문학·미술·음악·제도·기술·풍속·
풍물·인물·시사 등을 아우르고 있으며, 유통되는 상품
과 근대문물 전체에 관심을 가짐으로써 신문물을 알 수
있게 하는 광고들을 실었는데 이것이 종합지적인 개방성
과 함께 대중에게 성공적으로 다가설 수 있게 했다. 또한
《개벽》은 문예잡지 못지않게 문학이론의 전개, 문학작품
의 발표, 외국문학의 소개, 신인 발굴 등 다각적인 배려를
함으로써, 1920년대 문학창달에 기여한 바가 커서 이 시
기 문학연구에 귀중한 문헌적 가치를 지니고 있는 것으
로 평가된다.[12]

위와 같은 정리를 덧붙여 본 연구에서 거론된 차상찬
이 만들어온 11종의 잡지를 통해 도출된 업적에 대한 의
견을 정리해보고자 한다.

첫째, 의견지를 만들었다는 점에 대하여

시대적 상황을 생각할 때 차상찬의 활동은 저널리스트
들의 귀감이 된다. 또한 《개벽》이 의견의 공론장 역할을
함으로써 근대적 지식과 정보체계를 형성했다는 데 의의
가 있다. 지식인들이 중심이 되어 국민계몽이라는 목적

---

12) 《개벽 연구》(최수일, 소명출판, 2008), 《한국근대민중종교사상》(학민사, 1983), 《한국단편문학전집》 27·29(정음사, 1978)

성을 띠었겠으나 한편으로는 잡지의 특성상 잡지를 접할 수 있는 계몽대상이 되는 국민은 얼마나 되었을까 하는 생각이 든다.

둘째, 한민족의 역사의식을 고양함으로써 민족의 정체성을 심어주었다는 점에 대하여

암울한 시대적 상황에서 무엇보다 중요한 것이 민족의 정체성이라고 생각한다. 외압에 의해 말과 글, 문화를 위협받는 극단의 상황에서 민족의 뿌리를 모으고 살려나감에 있어 차상찬의 의지와 정신은 후대에도 귀감이 된다.

차상찬은 역사와 지리, 민속, 민요, 야사 등을 수집하고 관련지식과 정보를 잡지를 통해 보급함으로써 한민족의 정체성을 굳건히 하고자 하였다. 이 역시 정보를 공유할 수 있는 처지를 생각할 때 제한적이지 않았을까 한다.

셋째, 민족문학의 역사를 썼다는 점에 대하여

천도교 계통의 인맥과 자금, 그리고 조직력은《개벽》이 대중적 잡지가 되는 데 기여했다고 볼 수 있다. 종교단체로서의 자금력 확보는 운영체제의 수월함과 유능한 문인들의 등단에 기여할 수 있었다고 한다(그 당시 가장 많은 원고료가 지급되는 잡지였다고 함).

《개벽》문예면에 영향을 끼친 것은《개벽》필진의 개

방성과 편집 기획의 체계성이라 할 수 있다. 또한《개벽》은 창간호부터 문예부장을 두었고, '독자 교정란, 현상문예, 독자문예, 신춘문예호, 해외문단특집' 등 다양한 기획을 마련했다. 이는《개벽》의 문예 지면이 독자와의 교류는 물론, 신인 발굴, 해외문학 소개 등의 역할도 수행했음을 의미한다.[13]

문학이 지니는 정체성을 생각해 볼 때 차상찬은 문학인으로서의 자신을 내려놓지 않았다는 점을 짐작할 수 있게 해준다. 일제강점기에 스러져가는 국가와 민족의 삶을 외면하지 않았고, 자신의 존재감이 되어주는 국가의 비운을 헤쳐나오는 데 있어서 자신만의 방법으로 그 굳건한 의지를 펼쳐나감에 있어, 낼 수 있는 목소리를 문학인 역사를 이어가는 데 두었다.

넷째, 대상독자층에 따라 각각의 잡지를 출간했던 최초의 발행사였다는 점에 대하여

한 발행사에서 지식인, 어린이, 학생, 여성, 농민 등을 대상으로 하는 잡지를 발행하는 사례는 자본력과 발행인의 남다른 생각이 아니고서는 오늘날에도 보기 어려운

---

13) 개벽(한국 근대문학 해제집 Ⅱ—문학잡지(1896~1929), 2016. 12. 26.) (네이버 지식백과)

점이다. 특히, 잡지 지면의 절반 이상을 편집부에서 전담하다시피 했던 당시의 상황에서 동시에 3~4종의 잡지를 발행하는 여건을 가장 오랫동안 지켜낸 차상찬의 공로는 국민 모두가 알권리가 있음을, 국민 모두가 하나의 민족임과 동시에 그 시대적 아픔에서 하나 되어야 한다는 차상찬의 생각을 알 수 있게 하는 대목이라고 생각된다.

잡지는 신문과는 다른 매스커뮤니케이션의 한 형태로 하나의 제호 아래 여러 가지 주제를 다루는 정기간행물이다. 이러한 잡지는 지식을 전달하는 매체의 하나이자 시대에 따라 변화해 가는 그 당시 사람들의 관심사와 가치관을 엿볼 수 있게 한다.[14] 그 시대의 문화를 비추어 볼 수 있는 거울로써의 잡지를 말할 때 《개벽》은 암울했던 우리 역사의 민중의 삶의 모습과 지식인들의 민족애의 여러 면을 알게 해주는 가치를 지니고 있음을 알 수 있다.

김미정 예나 지금이나 무엇이 뭔가 알려지고 뿌리를 내릴 때까지 사람, 네트워크 싸움이고 자본의 싸움이구나 이런 생각들을 했습니다.

저희 협회가 북크레이션을 이야기하는 협회로서 대상에 맞추어서 그 내용들을 변화하고 그들이 이해할 수 있

---

14) 박아름, 《여성패션잡지 표지 디자인의 획일화 양상에 관한 연구》, 2010, 경북대학교 대학원 석사

도록 언어를 바꾸고, 수준을 바꾸었을 것이라는 이 점에서 차상찬 선생님의 리더로서 상당히 앞서가는 생각들을 읽게 되었습니다. 그래서 저도 이번 기회로 차상찬 선생님과 개벽에 대해서 알게 되면서 저보다 여기 계신 분들이 출판인으로서 훨씬 더 선배님이시지만, 범우포럼에 와서 이렇게 토론도 하고 소속되어 있다는 것에 대해서 상당히 자랑스럽다는 생각을 하게 됐습니다.

박원경(좌장) 김미정 협회장님이 큐레이터 활동을 하시면서 2년 전에 〈데미안책방〉에 와서 했던 많은 생각들이 담겨 있어서 더 소중한 토론문이 된 것 같습니다.

다음은 박몽구 주간님께서 토론해주시겠습니다.

박몽구 일제하 선도적인 종합지 《개벽》지의 발행인 차상찬 선생에 대한 김정숙 교수의 연구 잘 보았습니다. 잡지 발행인에 대한 연구가 드문 가운데 선도적인 연구로 의의가 적지 않은 연구입니다. 김 교수의 논문을 접하면서 공감과 함께 몇 가지 궁금한 점들도 있어서 다음과 같은 몇 가지 질문을 드립니다.

첫째, 《개벽》지가 창간된 1920년은 일제의 문화통치가 시작된 시기인데, 이 시기에 즈음하여 탄생지는 민족 자생지로 평가받고 있다. 그런데 이 시기는 3·1운동 이후 일제가 주도한 이른바 문화 통치의 시기이다. 이런 사회적 환경하에서 조선인이 잡지 발행 등록을 얻어낸다는 것은 어려운 일인데, 《개벽》지가 내세울 수 있는 민족 자생지적 요소는 무엇일까요?

둘째, 《개벽》지는 흔히 우리 현대문학의 요람으로 간주되고 있다. 이를 통해 배출된 문인들 가운데에는 김소월 등의 순수 서정시인도 있지만, 일제 통치에 몸으로 저항한 문인들도 적지 않다. 이로써 볼 때 《개벽》을 순수문학의 요람으로 볼 것인가 아니면 민족문학의 출발점으로 봐야 할 것인가. 그 성격 분석이 필요한데 애매한 것 같습니다. 발제자의 판단은 무엇인가요.

셋째, 차상찬은 《개벽》지 외에도 신여성 등 여러 잡지를 간행한 것으로 나타났습니다. 그가 잡지인으로 투신한 사회 경제적 배경은 무엇인가? 초기의 《개벽》과 뒤에 창간한 잡지들의 성격은 전혀 다른데, 선구자라고만 볼 수 없을까 사료됩니다.

《개벽》은 천도교의 기관지로 출발하였고, 창간 발행인도 천도교인 이두성으로 되어 있고, 발행 자금 역시 '최종정의 1,000원과 변군항의 500원의 기부금으로 시작되었다'면 차상찬을 《개벽》지를 창간한 이로 보는 시각은 문제가 있는 것 아닌가요?

또한 그 후 《개벽》에 뒤이어 창간한 잡지들은 '《부인》《신여성》《어린이》《조선농민》《신인간》《별건곤》《학생》《혜성》《제일선》《신경제》 등 모두 11종의 잡지들로 하나

같이 상업지적인 성격이 강한데, 그가 잡지인으로서 전범이 될 만한 사유는 무엇이라고 보는지요.

　　마지막으로, 이번 세미나 주제는 〈잡지인 차상찬 연구〉로서 의의가 적지 않은 연구입니다. 그런데 전체적으로 일제 시기의 잡지 발행 내용들만 밝혀져 있고, 그의 구체적 삶에 대한 탐구가 빈약하다는 느낌이 듭니다. 아울러 《개벽》지 초창기에는 천도교 기관지로 발행되다가, 차상찬이 발행인으로 변모하는 과정 등에 소구가 불분명하게 느껴집니다. 이에 대한 장차의 연구 의향은 어떤지 묻고 싶습니다.

박원경(좌장)　자리에 계신 분들도 적극적으로 질문해주시면 많은 도움이 되겠습니다. 네, 조일래 감사님.

조일래　오래됐지만, 제가 학생 때 머릿속에 기억이 있는 건 《개벽》이라는 잡지인데 차상찬이라는 분에 대해서는 되돌아봐도 큰 기억이 없습니다. 인터넷으로 찾아보면 있지만 제 머릿속에 기억은 전혀 없습니다. 그래서 내가 불미했구나 이렇게 생각했는데 오늘 들어보니까 회장님이나 토론자 분들도 잘 몰랐다 하는군요. 그래서 제가 이 질문을 드립니다.

　　역사적으로나 문학, 사상, 잡지 출판의 발달사적으로나 여러 가지 면에서 봤을 때 동시대에 활동했던 분들의 공적에 비해서 결코 떨어지지 않는 역할을 했음에도 불구하고 《개벽》은 그렇게 잘 알려지고 교과서에도 나오고 그랬는데 왜 차상찬이라는 사람에 대해서는 그동안에 전연 평가가 되지 않았고 공적이 기려지지 않았는지, 이런 부분에 대해서는 지금 발제자나 토론자 분들의 이야기가 없었습니다. 그래서 그 부분에 답을 주셨으면 합니다.

박원경(좌장) 좋은 질문 감사합니다. 그런데 저희가 발제를 1부는 잡지를 중심으로, 2부는 인물을 중심으로 나누어서 진행하게 돼서 2부 발제를 듣고 그 질문에 대해 다시 한 번 답을 찾아보는 것이 어떨까 싶습니다. 또 다른 질문 있으십니까. 없으시면 김정숙 발제자에게 마이크 넘기겠습니다.

김정숙 제가 범우포럼 세미나를 특별하게 여기는 이유가 있어요. 저는 이렇게 모든 참여자가 가장 진지한 자세로 끝까지 몰입해서 임하는 세미나를 독일 베를린에 가서 처음 경험했거든요. 그 후로 범우출판포럼 세미나는 보통 세미나가 아니라는 인식이 저한테 심어져 있었습니다. 그래서 제가 답변을 정말 잘해야 되겠다는 생각을 했습니다.

보다 정확한 답변에 집중하기 위해서, 본문 32쪽을 보면 "1919년 9월 개벽사의 창립준비가 시작되었다. 종합월간지 《개벽》 창간을 위해 창설된 준비였다. 이를 위한 창간동인은 천도교인 이돈화, 박달성, 이두성, 차상찬 등이었으며, 천도교도인 최종정의 1,000원과 변군항의 500원의 기부금으로 시작되었다"고 했어요. 그런데 첫 번째 질문인 '최종정의 천 원이 현재 얼마만큼의 금액인가'를 포털 사이트에 찾아보니까 1920년대의 천 원이 현재 가치로 1억쯤 되고요, 오백 원은 5천만 원 정도입니다.

당시 잡지의 가격이 처음에 40전이었거든요. 40전은 얼마냐 4만 원이었어요. 그러니까 당시 사람들이 4만 원을 주고 구입을 한다는 것은 보통 일이 아니거든요. 현대인에게 4만 원짜리 잡지를 사라 하면 팔렸을까요? 현재 잡지도 대개 1~2만 원대거든요. 범우사에서 발행하는 잡지 《책과인생》은 3천 원이죠. 생각해보면 당시 열악한 인쇄 기술 문제도 있고 책이라는 것이 그만큼 귀한 것이었다고 보면 될 것 같습니다.

그리고 천도교라는 배경이 갖고 있는 장점이 있어요. 제가 신문사에 입사한 배경을 잠깐 말씀드려보자면, 6·29민주화선언(노태우 대통령이 발표한 특별선언) 이후에 신문사들이 우후죽순 생겨났는데, 그때 제가 들어가고 싶었던 신문사가 《세계일보》나 《국민일보》였어요. 왜냐하면 종교재단이거든요. 종교재단은 무너지지 않아요. 자금에 대한 걱정이 없는 곳이었습니다. 그런 것도 지금의 관점에서 보면 연결선상에 있지 않은가 생각합니다. 그리고 천도교재단에서 만든 잡지가 지금도 존속하고 있지 않습니까, 제가 말씀드렸다시피 《신인간》 같은 종교잡지류는 시장 질서에 휘둘리거나 쉽게 도산하지 않았을 것 같고요.

김미정 토론자 분께서 당시 계몽 대상이 되는 사람들이 잡지를 접할 수 있는 사람들이 도대체 얼마나 되었을까 질문하셨는데, 당시 인구가 2천만이었거든요. 그런데 《개벽》지가 2만 부가 팔렸어요. 보통 발행부수가 아니에요. 현재 우리나라 인구가 5천만인데 5만 부 팔리는 잡지 있습니까? 그만큼 《개벽》을 비롯한 잡지의 영향력이 대단했다고 보는 거죠. 아마 지금의 인터넷 열풍과 다름없지 않았을까. 그리고 《개벽》지는 소년이나 학생들이 아니라 지식인층이 보는 잡지였기 때문에 선풍적이었다고 볼 수 있겠고요. 또 《개벽》지만 2만 부 팔린 게 아니라 《신여성》이나 《어린이》지 같은 경우에 3만 부까지도 팔렸거든요. 상상할 수 없는 부수입니다. 그만큼 당시는 잡지가 매스컴을 장악하던 시대였다고 생각해볼 수 있습니다.

그리고 김미정 토론자 분께서 《개벽》지가 어떻게 최초의 시사지로 허가가 되었는지 질문하셨는데, 저는 당시 3·1운동이 미친 영향이라고 생각합니다. 당시는 무단통치기간 그 이전에 문화통치기간이었거든요. 문화통치기간에는 어떻게 하면 조선인들을 회유할까 하는 때였는데, 회유를 하는 대신 검열제도를 만들었죠. 검열을 누가 했느냐? 일본에서 지식인이라고 칭해지는 교수가 와서 전부 검열하기 시작했다고 합니다.

　내용 검열에 있어서 이 잡듯이 검열을 하지 않았을까 하는 생각을 해보고요. 이에 따라 《개벽》지가 필화를 어마어마하게 겪었으리라 쉽게 짐작할 수 있습니다. 폐간도 마찬가지로 필화사건이었습니다. 마지막 잡지를 폐간했을 때 차상찬 선생님이 잡지가 실려가는 수레를 붙잡고 울며불며 통곡을 했다는 기록도 아드님의 글에서 볼 수 있었습니다.

　박몽구 선생님이 했던 질문 중에서 《개벽》지를 과연 민족문학의 출발점으로 봐야 할 것인가, 이 부분이 좀 애매하다는 질문이 있었어요. 그런데 《개벽》지에 실렸던 염상섭의 〈표본실의 청개구리〉는 저항문학이라고 배웠습니다. '표본실의 청개구리와 같은 민족의 처지'라고 저희는 배웠고요. 또 이상화의 시 〈빼앗긴 들에도 봄은 오는가〉는 설명이 필요하지 않을 만큼 저항시였거든요. 그래서 민족문학이라는 말을 써도 되겠느냐는 질문에 저는 써도 된다고 생각합니다.

　민족문학협회가 1970년대에 설립된 것으로 알고 있고 자유실천문인협의회가 그에 앞서 설립되었는데, 1970년대는 우리가 알다시피 언론의 암흑기로 접어들었던 때였습니다. 그 이전에 자유실천문인협의회가 10월 유신(1972년) 이후 결성되었고 그 정신을 이어받은 민족문학협회는

6월 항쟁(1979년) 이후에 만들어진 것으로 알고 있거든요.

그래서 염상섭, 이상화 등 이전의 작가들이 저항시를 짓고 또 저항문학을 하지 않았으면 과연 이러한 뿌리를 형성할 수 있었을까 생각하면서, 박몽구 선생님의 ②번 질문에 대한 답을 할 수 있을 것 같습니다. 그리고 ④번 질문은 2부 윤세민 교수님께서 발제하실 때 말씀해주시면 될 것 같습니다.

나머지 배대호와 특대호에 대한 질문에 저는 특대호가 판형을 키웠을까? 하는 의구심을 가졌는데, 〈데미안책방〉에 와서 확인할 수 있었습니다. 판형은 같습니다. 판형은 똑같은데 특대호라고 하면 주로 신년특대호가 많았습니다. 신년호니까 페이지를 조금 더 늘려서 만들었고. 배대호라는 것은 혹시 두 배의 페이지로 만든 것 아닐까? 두께를 다시 한 번 보겠습니다. 〈데미안책방〉에 실물이 있어서 바로바로 검증하기가 참 좋은 것 같습니다.

차상찬이 왜 그동안 알려지지 않았는가라는 질문이 있었는데, 차상찬 선생님의 필명이 50가지가 넘어요. 일제 억압시대에 있던 부분도 있고, 과연 이 사람이 차상찬일까? 방정환일까? 이러한 아리송한 부분이 십여 가지나 판명되었다고 합니다. 차상찬이라는 이름을 내걸고 썼던 것은 본인이 발행인이 된 후에 정말 과감하게 쓰지 않았나 싶습니다.

김미정 당시 인구가 2천만이라고 했었고 잡지가 2만 부 정도 팔렸다고 했는데, 그 2천만이라는 인구조사는 아마 우리 민족일 것 같아요. 근데 그 당시에 일본인들도 상당히 많이 들어와서 살았을 거라는 생각을 해보거든요. 그렇다면 2만 부에 대한 소비층은 그게 과연 우리 민족이었을까.

김정숙 한글로 적혀 있는 이상 우리 민족이었겠죠. 그리고 당시에는 남북한이 분단되어 있지 않을 때였어요. 그렇기 때문에 이 2만 부는 정말 어마어마한 숫자가 아닐까 생각합니다.

박원경(좌장) 한 가지 질문이 있는데 《개벽》의 내용이 한자가 조금 섞여 있지 않았나요? 또 한 가지는 윤형두 이사장님이 계시지만, 출판등록에 대한 질문을 아까 누가 해주셨는데, 등록이 됐을까 안 됐을까에 대해서 조금 더 말씀해주시면 좋을 것 같습니다.

김정숙 제가 빠트린 내용에 대한 질문이었던 것 같습니다. 개벽사가 1919년 9월에 창설됐어요. 《개벽》지를 발행하기 위해서 개벽사가 창설됐는데, 정작 《개벽》지는 그 다음해 6월에 발행되거든요. 그 사이에 통과가 되지 않았던 거예요. 그 대신 통과가 되면서 우리나라 최초의 시사지가 되었습니다. 《개벽》지가 2만 부를 찍어낼 수 있었던 것은 최초의 시사지였던 것이 가장 큰 이유이고, 《개벽》

지를 재창간해서 속간을 다시 만들어냈을 때 신문사들도 이미 시사지가 갖는 큰 영향력을 알게 된 거죠. 《월간조선》이나 《월간중앙》이 《개벽》지가 휴간하는 사이에 만들어졌고 그래서 《개벽》지가 재창간되었을 때는 시장을 독점할 수 없었습니다. 그래서 《개벽》지가 2차 속간을 한 후에 4호까지 내고 말았는데, 그것은 경제적인 이유였다고 밝히고 있습니다.

박원경(좌장) 차상찬 인물에 대한 발제는 2부에서 하고 1부 발제에 대한 결론을 내리자면, 저희가 부길만 교수님과 출판역사연구모임을 하고 있는데 출판역사를 살펴보면 사상이 유럽 서양 같은 경우에는 기독교와 유대교 사상이 축이 되고, 동양이나 인도의 경우에 물론 힌두교도 있지만 불교와 유교가 축이 되는데, 유일하게 천도교가 우리나라에서 창건되었습니다. 그래서 차상찬 선생님이 일제강점기에 가장 한국적이고 애국적이고 독립운동의 기초가 될 수 있는 것은 이 천도교의 힘이 크지 않았나 하는 생각이 듭니다.

차상찬 선생님이 이러한 장을 펼 수 있었던 것에 대해서 많은 사람들이 천도교의 종교잡지 아니냐는 식으로 몰고 가는데, 그것도 좋은 발상인 것 같습니다. 왜냐하면 사상이 만들어낸 것이 종교거든요. 그래서 가장 한국적인 종교, 천도교에 대해서 한 번 연구를 해봐야겠다는 생각이 들고요. 매달 잡지를 발행한다는 것이 얼마나 힘든 일이었겠습니까. 이 잡지의 가치가 굉장히 크고 오늘 잡지를 중심으로 차상찬 선생님에 대해 공부한 것이 큰 의미가 있다고 생각합니다.

김정숙 빠뜨린 부분이 있어서 마지막으로 말씀드리고 싶습니다. 그렇게 많은 보급률을 이뤄낸 데 있어서는 또 한 가지 특성이 하나 있었어요. 본문 32쪽을 보시면 〈표1〉에 개벽사의 유통망이 적혀 있거든요. 전국적으로 지사가 197개, 분사가 114개가 있었는데 이런 유통망이 가능했던 이유는 '독자한테 책을 위시한 일상용품에 통신판매를 전담'하기도 했기 때문입니다.

그러니까 현재 우리나라의 홈쇼핑에 대해서 TV가 시원(始原)이라고 생각할 수 있겠지만, 바로 《개벽》지가 시원이지 않을까 생각해서 《개벽》지가 갖는 또 하나의 역사적 의미를 부여해야 하지 않을까 생각합니다.

박원경(좌장) 마지막까지 확실한 답변을 주셔서 너무 감사합니다. 1부 마치면서 10분간 휴식시간을 갖고 2부 시작하겠습니다. 감사합니다.

세미나
2부 발제 및 토론

2부 · 발제 및 토론

박원경(좌장, 범우포럼 부회장)

2부 주제는 인물로 본 차상찬 연구입니다. 먼저 발표해 주실 윤세민 교수님, 경인여대 교수님이시자 제2대 범우포럼 회장직을 맡아주셨습니다. 30분 정도 발표하실 겁니다. 시간 엄수 부탁드립니다.

2부 · 발제 논문

인물로 본 차상찬 연구

윤세민(경인여대 교수)

들어가는 말

안녕하세요. 윤세민입니다. 저는 발제 논문의 서론 첫 문장을 "차상찬은 차상찬이다"라고 썼습니다. 논문의 문장으로는 잘 쓰지 않는 표현인데, 이렇게 쓸 수밖에 없었습니다. 차상찬이라는 인물은 연구하면 할수록 무궁무진하고 한정 짓기 어려운 인물이었습니다. 사전에 준비한 발제문을 읽도록 하겠습니다.

1. 서론

1) 연구의 배경과 필요성

차상찬은 차상찬이다. 청오(靑吳) 차상찬(車相瓚)은 일제강점기에 잡지 《개벽》을 중심으로 애국 운동과 민중 계몽을 주도한 언론인, 잡지인, 출판인이다. 또 수많은 잡지와 출판물을 발행하며 스스로 왕성한 필력을 펼친 저자요 시인이며 수필가이다. 또한 우리 역사, 특히 민속과 야사 연구에 전력을 기울인 역사학자요 민속학자이다. 그런 가운데 그는 일제의 언론 탄압에 맞서 온몸으로 항거하며, 문화 운동을 통해 독립 운동을 주도한 독립 투쟁의 지도자이기도 하다. 그러면서도 사람과 문화와 술을 지극히 사랑했던 넓고 깊은 인간적 풍모를 갖춘 멋진 인물이었다.

따라서 차상찬은 차상찬이다. 청오 차상찬은 모든 것이 암울했고 한계를 지닐 수밖에 없었던 일제강점기 하에서도 언론과 문학과 문화와 역사 분야에서 뛰어난 업적을 남겼다. 도저히 어느 한 분야의 업적이나 인물로 국한할 수 없다. 결코 재단할 수 없는 한없는 넓이와 깊이를 가진 인물이기에, 차상찬은 차상찬일 수밖에 없는 것이다.

사회는 남다른 사상을 지니고 헌신적으로 활동한 인물들을 통해 발전한다. 그들의 업적을 올바로 평가하고 계승하는 것은 후세대의 책무이다. 그러나 무관심과 무지로 이들의 성과를 제대로 조명하지 않고 사장시키거나 심지어 왜곡해온 경우도 적지 않다. 일제강점기 대표적인 언론인이며 잡지계의 선구자인 청오 차상찬도 그런 인물 중 하나다.[1)]

차상찬은 그가 남긴 뛰어난 업적에 비해 제대로 알려지지도 또 제대로 평가받지도 못한 것이 사실이다. 차상찬은 그가 활동했던 제 분야에서의 상당한 업적에도 불구하고, 그 동안 그에 대한 학계를 비롯한 후세의 관심 부족 탓에 제대로 평가를 받지 못하고 있다.

2) 선행 연구

차상찬은 근대 잡지의 선구자, 저항 언론인, 민족주의 문화운동가, 명문필가 등 다양한 면을 지닌 인물이며, 언론·종교·문화·역사·문학 분야에서 주목할 만한 업적을 남겼지만, 그의 활동과 성과에 대한 학문적 관심과 평가는 매우 미흡하다.

차상찬에 대한 최초의 논문은 민속학의 관점에서 주목한 박종수의 《車相瓚論(차상찬론)》(1996)[2]이다. 이 논문은 차상찬의 가계와 연보, 인간적 풍모와 활동상, 민속학 분야의 업적 등 기초적인 자료를 정리하고 있다. 박길수의 《차상찬 평전》(2012)[3]은 한국 잡지의 선구자로서 차상찬의 생애와 업적을 종합적으로 조명한 도서이다. 또한 몇몇 논자들이 천도교의 문화운동 또는 근대 잡지 언론의 관점에서 차상찬을

---

1) 정현숙, 〈차상찬 전집 발간을 위한 자료 조사의 범위와 방법〉, 《청오 차상찬 탄생 130주년 기념학술대회 발표집》, 청오차상찬선생기념사업회·한림대 아시아문화연구소, 2017. 5. 12, 27쪽.

2) 박종수, 〈車相瓚論〉, 《韓國民俗學》, Vol.28 No.1, 韓國民俗學會, 1996.

3) 박길수, 《차상찬 평전》, 모시는 사람들, 2012.

거론하였으나, 대부분 단편적인 시각에 머무르고 있다.[4)]

학계에서 차상찬을 새롭게 주목하기 시작한 것은 최근에 이르러서이다. '청오 차상찬 서거 70주년 기념학술대회'(한림대학교, 2016)와 '청오 차상찬 탄생 130주년 기념 학술대회'(한림대학교, 2017)가 그것이다. 두 차례에 걸쳐 개최된 학술대회에서 논자들은 잡지 언론인으로서 차상찬의 위상을 재정립하고[5)], '조선 문화의 기본조사'에서 차상찬의 역할을 재조명하고[6)], 아동문학가로서 차상찬의 위치를 확인하는[7)] 등 차상찬에 대한 구체적이고 심화된 관점들을 제시하였다.

---

4) 정용서, 〈1930년대 개벽사 발간 잡지의 편집자들〉, 《역사와실학》 통권 57호, 2015, 225~260쪽.
  정지창, 〈해학과 재치의 문필가 청오 차상찬〉, 《사람과문학》 통권 75호, 2015, 230~243쪽.
  차웅렬, 〈일제하 천도교의 언론투쟁과 《개벽》 잡지〉, 《신인간》 통권 694호, 2008, 48~54쪽.
5) 정진석, 〈개벽사와 '문화적 민족주의와 잡지 언론인 차상찬〉, 《청오 차상찬 서거 70주년 기념 학술대회 발표집》, 한림대학교 국제회의실, 2016.5.20, 27~43쪽.
6) 김태웅, 〈차상찬의 지방사정조사와 조선문화인식 - '조선문화의 기본조사'를 중심으로〉, 《청오 차상찬 서거 70주년 기념학술대회 발표집》, 한림대학교 국제회의실, 2016.5.20, 49~64쪽.
7) 오현숙, 〈차상찬 전집 간행을 위한 제언 - 아동문학을 중심으로〉, 《청오 차상찬 탄생 130주년 기념 학술대회 발표집》, 한림대학교 국제회의실, 2017.5.12, 55~67쪽.

3) 연구의 목적

이러한 논의를 통하여 비로소 차상찬의 위상과 성과가 새롭게 조명되고, 다양한 시각들이 전개되기 시작하였다. 그러나 여전히 그의 활동과 성과에 대한 학문적 관심과 평가는 턱없이 부족한 것이 사실이다.

그래서 본고는 청오 차상찬의 생애를 전기적 사실의 규명을 통해 확인하면서, 일제강점기의 대표적 잡지인이요 문필가요 민속학자로서의 차상찬을 위시해 한없는 넓이와 깊이를 지녔던 인물 차상찬을 새롭게 발견하고 해석하고자 한다. 이를 통해 늦게나마 청오 차상찬을 제대로 또 정당하게 평가 받는 데 기여하고자 한다.

2. 차상찬의 일생 연보

청오 차상찬은 1887년 2월 12일 강원도 춘성군 신동면 송암리(현 춘천시 송암동)에서 부친 차두영(車斗永)과 모친 청주(淸州) 한씨(韓氏) 사이의 오남매 중 막내로 태어났다. 차상찬의 중시조(中始祖)는 신라시대 연안군 차효전(車孝全)으로 그의 36대조가 된다. 그리고 고려 말의 충신 차운암(車雲岩)은 그의 19대조이다. 부친 차두영과 백부 차절영, 그리고 셋째 형 상학은 모두 과거에 급제한 한학자들로서, 부친 차두영은 성균관 진사를 지낸 인물이다.[8]

또한 차상찬의 매형 정인회는 의병장이었다. 춘천의 선비였던 정인회는 을미사변에 분개하고 단발령까지 공포되자 군인과 상인 세력을 모아 의병활동에 합세한 것으로 알려졌다. 이처럼 지조 있는 가문의 영향으로 차상찬은 의지와 신념을 지닌 인물로 성장할 수 있었을 것이다.

여기서 차상찬의 일생을 간략히 살펴볼 수 있는 연보를 소개한다.[9]

1904년(18세) 두 형(상학, 상준)과 함께 진보회(進步會)에 가입하여 당시 신생활 운동이라고 불리던 갑진개화운동(甲辰開化運動)의 일선에 투신함. 그 후 삼형제는 나란히 천도교에 입교, 이때부터 차상찬은 셋째 형 상학과 함께 일생을 천도교에 몸담게 됨.

1906년(20세) 서울로 유학, 보성중학교(1914년에 보성고등보통학교로 개칭)와 보성전문학교에서 근대 교육을 받음.

1910년(24세) 보성중학교를 제1회로 졸업.

1911년(25세) 《천도교회월보》제2호부터 학술부를 담당하면서 그의 필력이 나타나기 시작함. 언론계와 인연을 맺는 결정적인 계기가 됨.

---

8) 박종수, 앞의 논문, 254~255쪽 및 박길수, 앞의 책, 30~42쪽 참조.
9) 박종수, 위의 논문, 255~257쪽.

1913년(27세)	비교적 늦은 나이로 보성전문학교 법과를 제 6회로 졸업.
1918년(32세)	모교에서 교수로 후진 양성에 힘씀. 이때 신익희와 같이 재직하였으며 친한 사이였다고 함.
1920년(34세)	《개벽》의 창간 동인으로 참여하여 폐간 때까지 주도적으로 활동함(다른 창간 동인으로는 최종정, 이돈화, 이두성, 민영순, 김기전 등이 있으며, 뒤에 방정환이 일본에서 귀국하여 합류함). 이돈화, 김기전, 방정환에 이어 편집인 겸 발행인으로 취임하여 온갖 고초 속에 《개벽》을 이끌어 감.
1922년(36세)	방정환, 김기전 등과 어린이날 제정 준비위원으로 활동. 천도교 소년회 지도자로 어린이날을 제정함.
1923년(37세)	잡지 《부인》을 발행하고 집필함.
1924년(38세)	일제의 언론 탄압에 맞서 '무명회' 등의 애국언론단체와 '조선청년총동맹' 등의 31개 단체의 대표가 6월 7일 결성한 '언론집회압박탄핵회'에서 실행위원을 맡아 6월 20일 대회를 강행하다 강제 연행됨. 잡지 《어린이》에 역사 이야기를, 《신여성》에 야사를 연재함. 조선소년지도협의회 실행위원으로 활동함.
1925년(39세)	'전조선기자대회' 집행위원으로 서울에서 4월 15일부터 3일간 "죽어 가는 조선을 붓으로 구해보자"라는 구호 아래 대회를 개최함. 첫날 회의에서 이상재

	가 회장으로 선출되고, 그는 서기를 맡아 5개항의 결의문을 채택함.
1926년(40세)	개벽사 이사로 일하며《신인간》을 창간.《동학잡화》를 집필함. 8월 1일《개벽》72호가 일제에 압수되어 작두질을 당하고 발행 금지됨.
1927년(41세)	《개벽》지 필화사건으로 왜경에 끌려가 서대문 형무소에서 방정환과 같이 옥고를 치른 끝에 보석으로 풀려남.
1928년(42세)	잡지《별건곤》의 편집인 겸 발행인으로 활동함. 보성전문학교 교우회 기별 간사를 맡아 활동함.
1929년(43세)	잡지《조선농민》에 야사와 민요를 발굴·기고함.
1930년(44세)	잡지《학생》을 편집함.
1931년(45세)	잡지《혜성》을 창간하여 편집인 겸 발행인을 맡음. 잡지협회 창립위원으로 활동함.
1932년(46세)	잡지《제일선》을 창간함.
1933년(47세)	《조선사천년비사》를 저술함.
1934년(48세)	《별건곤》폐간 직후 11월 1일《개벽》지를 속간함. 《개벽》이 72호로 폐간된 지 8년 만의 일임. 그러나 속간된《개벽》은 다음해 3월 1일 발행된 속간 4호를 끝으로 경영난 때문에 문을 닫음.
1935년(49세)	조선어학회 표준어 심사위원을 역임했고,《조선일보》와 월간《조광》,《여성》에 사화(史話)를 연재함.

1936년(50세) 《해동염사》 집필. 경성중앙방송국(J.O.D.K) 방송위원으로 야사와 민담을 방송.

1937년(51세) 잡지《야담》에 야화 연재함.

1938년(52세) 《중앙일보》에 역사소설〈장희빈〉연재함.

1939년(53세) 《매일신보》에〈징기스칸〉연재함.《조성명인전》집필.

1942년(55세) 《조선백화집》을 탈고했으나 총독부 경무국의 검열에서 출판 금지됨.

1945년(58세) 《개벽》지 편집 고문을 끝으로 언론계에서 은퇴함.

1946년(59세) 광복의 기쁨을 제대로 누리지도 못하고, 뜻하지 않은 중풍과 영양실조로 3월 24일(음력 2월 26일) 59세를 일기로 운명을 달리함. "왜놈이 망하고 조국이 광복되기 전에는 죽을 수 없다."던 그는 마음껏 활동할 수 있게 된 광복된 조국의 품에 영원히 안긴 것임.

유고집(遺稿集)으로《朝鮮四千年祕史(조선사천년비사)》,《海東艶史(해동염사)》,《朝鮮史外史(조선사외사)》,《韓國野談史話全集(한국야담사화전집)》,《朝鮮白話集(조선백화집)》등이 있다.

3. 차상찬과 천도교

차상찬의 생애에서 천도교와의 인연은 중요한 의미를 갖는다. 그가 천도교와 인연을 맺게 된 것은 1904년 갑진개혁운동(甲辰改革運動)부터이다. 차상찬은 포덕(천도교 포교) 45년에 입도하여, 노암(蘆菴)이라는 도호를 받았다. 이후 도사, 종법사, 청년회 중앙간무, 청우당 중앙집행위원 등을 역임하였다. 구체적으로 천도교중앙총부 사범강습소(1910), 천도교청년교리강연부(1919), 천도교 청년회(1920), 천도교 소년회(1922) 등에 참여하고 이끌면서, 천도교를 통한 민족운동과 문화운동에 깊숙이 관여하였다.

한편, 그의 셋째형 상학은 천도교 최초의 기관지인 《만세보》 기자 및 《천도교회월보》의 초창기에 발행인 겸 편집인으로 활약하는 등, 형제가 천도교를 위하여 일생을 헌신하였다.

천도교는 동학혁명에서 보여준 바 있듯이, 현실적으로 교정일치(敎政一致)적인 성격이 강하다. 차상찬의 실천적이고 의지적인 애국사상은 이러한 천도교의 사상에서 비롯되었고, 그는 이러한 사상을 바탕으로 문화운동에 앞장서게 된 것이다. 그는 "이민족이 지배하는 시대를 살면서 우리 민족이 살길은 오직 보국안민(輔國安民)하는 길밖에 없다."는 자세로, 민족의 의식을 일깨우기 위하여 전 생애를 반봉건·반일제의 논리와 투쟁으로 일관하였다.[10]

차상찬은 "보국안민하는 길은 오직 청빈과 절개로 사는 길이며, 그 길이 인생의 정도다"라는 가문의 전통이자 가훈을 실천하기 위하여 개화의 물결이 거세게 밀어닥치던 시기에, 새 문화 보급을 위하여 잡지 언론계로 뛰어들게 된다.

즉, 1911년《천도교회월보》학술부 기사를 담당하면서 처음 잡지계에 몸담게 되고, 1920년 천도교 청년회에서 신문화운동을 바탕으로 조선인의 계몽을 위하여 창간한 잡지 《개벽》에 창간 동인으로 참여하게 된다.

이렇게 차상찬은 교정일치적인 천도교 사상을 바탕으로 보국안민과 조선계몽을 위해 그 자신이 직접 잡지인으로 나서며 신문화운동과 배일구국의 선봉에 서게 된 것이다.

4. 차상찬과 《개벽》

차상찬은 1920년 천도교 청년회에서 신문화운동을 바탕으로 조선인의 계몽을 위하여 창간한《개벽》잡지의 창간과 발행에 핵심적인 역할을 담당하였다. '개벽'이란 명칭은 천도교의 '후천개벽사상'에서 비롯된 것이다. 국판 160쪽 안팎의 국한문혼용체로 씌어졌으며, 집필자로는 주로 당시 계급주의 경향문학을 내세운 신경향파 작가들이 참여했다. 창

---

10) 박종수, 위의 논문, 257~258쪽.

간사에서 "인민의 소리는 이 개벽에 말미암아 더욱 커지고 넓어지고, 철저하야지리라"고 하고, 정신의 개벽과 사회의 개조를 적극적으로 주장했다.[11]

개벽사는《개벽》을 창간한 1920년부터 1935년까지《부인》,《신여성》,《어린이》,《별건곤》,《혜성》,《제일선》,《학생》,《신경제》 등을 창간하였으며,《조선농민》,《신인간》까지 합하면 총 11종에 이르는 잡지를 발간하였다.[12]

특히《개벽》은 일제강점기에 가장 혹독한 검열과 탄압에 시달리면서도, 식민지 시대를 통틀어 독보적인 매체적 위상과 지명도를 확립한 잡지[13]라는 평가를 받고 있다.《개벽》은 창간과 강제 폐간, 속간과 폐간, 그리고 복간을 거듭하였다. 즉,《개벽》은 1920년 6월 창간하여 총독부로부터 수차례 압수, 삭제, 정간, 벌금 등을 받으면서 버티다가 1926년 8월

---

11) 다음백과(http://100.daum.net/encyclopedia/view/b01g1791a).
12) "《조선농민》과《신인간》의 발행처는 개벽사가 아니지만, 개벽사 구성원들이 운영에 참여하였다.《조선농민》의 발행처인 조선농민사는 개벽사 주간인 김기전과 천도교 청년당 대표 등의 발의로 출발하였으며, 창립 총회에는 이돈화, 박달성, 차상찬 등 천도교 청년당의 핵심 인사들이 발기인으로 참여하였다. 또한《신인간》은 천도교 청년당이 1926년 4월 창간하였으며, 발행처는 신인간사였지만, 발행소는《개벽》과 같은 서울 경운동 88번지였다." 이광순,〈해제, 조선농민지의 내력〉,《조선농민》영인본, 보성사, 1977, 2~5쪽.
13) 최수일,《개벽연구》, 소명출판, 2006, 14쪽.

통권 72호로 강제 폐간되었다. 이후 다시 1934년 11월에 속간하여 1935년 3월까지 4호를 발행하다 폐간되었다. 해방 후인 1946년 1월에 김기전에 의해 다시 복간하여 1949년 3월까지 9호를 발행하고 폐간되었다.

주지하는 바와 같이 《개벽》은 우리 민족과 수난의 역사를 함께 한 민족의 증언서였다. 일제는 《개벽》을 가장 저항적인 잡지로 보았기에, 《개벽》은 그 창간호부터 압수당하는 곤욕 속에서 운명적인 수난의 길을 걷지 않을 수 없었다. 통권 72호로 발행 금지가 될 때까지 판매 금지 34회, 정간 1회, 벌금 1회 등 형극의 길을 걸어온 것으로 미루어, 차상찬을 비롯한 《개벽》인들의 불굴의 의지가 충분히 엿보인다.

차상찬은 《개벽》의 창간부터 복간까지 주요 필자이자 정경부 주임, 편집국장, 주간, 발행인, 편집 고문 등을 맡아 잡지 발행을 주도했다. 《개벽》의 창간과 발행에 숱한 잡지인이 들고났지만, 차상찬은 그 영욕의 시간을 처음부터 끝까지 함께 한 유일한 인물이었다.

이에 대해 잡지인 최덕교는 다음과 같이 평가한다.

"당시 개벽사를 전면에 나서서 이끌어간 인물은 차상찬 외에 달리 없었다. 그리고 개벽사를 마지막까지 온갖 역경을 감내하며 지켰던 인물도 차상찬이었다. 그만큼 차상찬은 개벽사와 운명을 함께 했다."[14]

이러한 온갖 수난과 역경을 겪으면서도 "차상찬의 목이 달아나도 그에게서 바른 말을 없앨 수 없다"고 한 당시 세인들의 말에서도 입증되듯이, 그는 겨레의 울분을《개벽》속에 붓으로 휘둘러 일제에 항거했다. 이러한《개벽》이 독자들의 큰 호응을 얻은 것은 당연한 것이라 하겠으며,《개벽》이 당시 한국 종합지의 효시이면서 민족 저항 잡지로 일관할 수 있었던 것도 결코 우연한 일이 아니라 할 것이다.[15)]

5. 잡지계의 전설, 저항 언론인의 상징 차상찬

《개벽》이 일제로부터 강제 폐간당한 이후로도 차상찬은 조금도 굴하지 않고 애국과 민족운동 차원으로 다시 새롭게 잡지의 창간과 발행에 매진했다. 차상찬은 1926년 11월에《별건곤》을 창간하여 책임 편집을 맡고, 1928년 7월부터는 발행 겸 편집을 맡았다. 1931년 3월에 발행 겸 편집인으로《혜성》을 창간하였으며, 방정환이 1931년 7월 23일 사망한 후《신여성》의 편집 겸 발행인도 맡았다. 1932년 5월에는 편집 겸 발행인으로《제일선》(《혜성》의 개제, 속간지)을 창간했다. 1932년 5월 창간한《신경제》의 발행인도 차상찬이었

---

14) 최덕교 편,《한국잡지백년》2, 현암사, 2005, 36쪽.
15) 박종수, 앞의 논문, 258~259쪽.

다. 요컨대 그는 일제강점기 잡지계의 '전설'이었다.[16]

아래의 최덕교의 글이 이를 웅변한다고 하겠다.

"한 30여 년 전이었던가, 대여섯 사람이 모여 방담(放談)하는 자리에서 누군가가 '일제 때의 잡지인 중에서 한 사람을 내세운다면 누구일까?'라는 화두(話頭)를 냈다. 이런 경우 대개는 왈가왈부가 있게 마련인데, 좌중이 하나같이 '그야 차상찬이지' 하고 입을 모은 일이 있다. 차상찬의 이력을 제대로 아는 사람은 아무도 없었지만, 한국 잡지계에는 언제부터인지 차상찬에 관한 이야기 글이 단편적이나마 전설처럼 흘러왔던 것이 사실이다."[17]

또한 차상찬은 식민지 당국의 언론 탄압에 적극적으로 저항한 대표적인 언론인이었다.

그는 1924년 23개 단체가 모인 '언론집회압박탄핵대회'에서 실행위원으로 선출되고, 1925년 4월 15일부터 사흘 동안 열린 '전조선기자대회'에서 서기를 맡아, 언론 자유를 위한 5개항의 결의문 채택을 주도하였다. 또 1931년 3월에는 개벽사 대표로서 주요 잡지사 대표들과 함께 총독부 당국에

---

16) 정현숙, 〈차상찬 연구〉, 《근대서지》, 통권 16호, 근대서지학회, 2017, 68~69 참조.
17) 최덕교 편, 앞의 책, 24쪽.

검열 규정 시정을 강력히 요청하였다. 즉, 차상찬(개벽사)이 주도해 김동환(삼천리), 주요한(동광), 이성환(전조선농민사), 이은상(신생사), 김영철(동아상공사) 등과 함께 경무국 도서과장 다치다(立田淸辰)를 방문하여 "검열제도를 철폐하라" 등 7개항을 시정하도록 요구했던 것이다.[18]

아울러 경성지방법원 검사국 문서에 차상찬과 관련한 '불허가 압수 및 삭제 출판물 목록과 기사' 사건이 총 100건[19]에 이른다는 사실 또한 그가 언론인으로서 견뎌온 지난한 시간을 증명해준다[20]고 하겠다.

6. 당대의 최고 문필가 차상찬

차상찬은 당대의 최고 문필가이기도 했다. 그는 뛰어난 기지와 재치로 세인들을 울리고 웃기면서도 언제나 배일사상이 농축된 글로 정론직필을 휘둘렀다. 차상찬의 힘은 해학과 직필에서 나온다고 할 만큼 특유의 기지를 발휘한 매서운 필치를 펼쳤다. 당대 저명인사들의 일거수일투족과 세

---

18) 정진석, 앞의 논문, 37~38쪽.
19) 한국사데이터베이스(http://db.history.go.kr).
20) "이러한 업적을 바탕으로 차상찬은 2005년 '자랑스런 강원 문화 인물'로 선정되었고, 2010년에는 '은관문화훈장'을 수상한 바 있다." 정현숙, 앞의 논문, 68~69 참조.

태를 기사화했고, 풍자로써 독자들을 웃기고 울리며 항일사상을 고취시켰다.

당시 사람들이 "차상찬의 목이 달아나면 달아났지 그에게서 바른 말을 막을 수는 없다"라고 했다는 평가가 전설처럼 전해져 내려오고 있다. 때문에 그는 일제 당국의 눈 밖에 나는 한편 필화 사건으로 체포돼 옥고를 치르기도 했다.

풍자거리가 된 인사들의 항의도 끊이지 않았으나 그의 직필의 의지는 멈추지 않았다. 언제가 그가 쓴 인물평을 읽은 당사자가 칼을 품고 찾아와 책상을 치며 따지기도 했고, 또 다른 사람은 '삼팔수건'(중국에서 생산되는 올이 고운 명주로 만든 수건)을 머리에 두르고 와서 그것으로 목을 매고 쓰러졌다는 일화가 있을 정도로 차상찬의 필봉은 거침이 없었다. 이는 그의 강직한 성품을 그대로 반증하는 것이기도 하다. 이와 같은 차상찬의 거침없는 필봉은 오히려 저널리스트로서의 정도를 보여준 것이라 하겠다.

백철은 명문장가로서의 그의 면모를 다음과 같이 언급한 바 있다.

"그는 개벽사에서 내는 4개의 잡지에 매월 많은 글을 썼다. 그 종류에 있어서도 사화(史話)를 비롯하여 만필(漫筆), 인상기(人相記) 소담(笑談), 가십(Gossip) 등 여러 가지 분야에 능하였다. 그의 재능은 기지에 넘치는 점이다. 그는 저널리스트로서 뛰어난 센

스와 재능을 타고난 인물이었다. 그가 요즈음과 같은 시세를 만 났다면 제1류의 저널리스트로 대우받았을 것이다. 그런데 그의 인생여로는 너무나 비참했다."21)

그리고 차상찬은 문필가로서 독특하게도 수십 개의 필명으로 수백 편의 글을 발표하였다. 차상찬의 대표적인 필명은 청오(靑吾)이다. 청오는 차상찬 자신이 지은 호(號)이고, 청년과 청색을 좋아하는 자신의 뜻이 담겨 있다고 한다. 차상찬은 이에 대하여 스스로 다음과 같이 밝히고 있다.

"나는 언제나 청년(靑年)되기를 좋아하는 까닭에 명색 호(號)를 청오(靑吾)라 지었습니다. 이것은 좀더 자세히 말씀하자면, 우리 조선을 청구(靑邱)라 하는데 나의 고향인 춘천은 또 조선지동(朝鮮之東)이오, 나의 신앙하는 교(敎)도 동학(東學)이오, 거기에 또 청년이 되기를 좋아하므로 동방의 색이 청이란 것도 사람의 청년이란 그 청자(靑字)를 취해 지은 것입니다."22)

그의 필명 중에 청오생(靑吾生), 차청오(車靑吾)는 바로 이 청오(靑吾)에서 파생된 것이다. 그의 필명에는 '생(生)', '인

---

21) 백철, 〈나의 개벽 시대〉, 대한일보, 1969년.
22) 청오 차상찬, 〈나의 아호〉, 《중앙》, 1936.4, 27~28쪽.

(人)' 등을 덧붙인 파생 형태로 '학인(學人)' '산인(山人)' '정인 (亭人)'의 합성 형태가 많다. 예를 들면 수춘산인(壽春山人), 수춘학인(壽春學人), 수춘인(壽春人) 등이다. 그리고 성과 이름을 드러낸 형태, 심지어 영문이니셜로 표기(C.S생)한 형태 등도 있다.[23]

이는 한국문학사에서 무척 독특한 예이며, 필명 최다로 기록되는 경우이다. 혼자서 여러 잡지에 글을 쓰다 보니, 또 일제의 검열을 피하다 보니 이렇게 많은 필명이 필요하였을 것이다.

명문필가로서 차상찬은 수많은 글을 남겼다. 차상찬이 발표한 글이 60,000쪽이 넘는다[24]는 견해가 있는가 하면, 410편[25] 또는 700여 편[26]이라는 주장도 있지만, 아직까지 정확하게 확인된 사실은 아니다. 글의 내용은 역사, 문화, 사상, 민속, 문학 등 지평이 넓고, 종류도 한시, 소설, 수필, 동화, 역사서사, 야담, 보고서, 논설, 논문 등 다양하고, 문체도 한문체, 국한문혼용체, 한글체 등 다채롭다.[27]

---

23) 정현숙, 앞의 논문, 75쪽.
24) 춘천 MBC, 〈펜을 든 항일지식인 청오 차상찬〉, 2014년 7월 25일 18:10~19:00 방송.
25) 박종수, 앞의 논문, 259쪽.
26) 박길수, 앞의 책, 406쪽.
27) 정현숙, 앞의 논문, 69~70쪽.

차상찬이 발표한 글은 역사, 문학, 문화, 민속, 지리, 언론, 종교, 사회 등 광범위하지만, 역사가 차지하는 비중이 가장 높다. 그런데 그의 글은 여러 형식과 내용이 공존하거나, 역사와 문학, 철학과 민속, 사실과 허구, 역사적 사실과 개인적 체험이 넘나들고 경계가 모호한 특징이 있다. 예를 들면 답사보고서에 창작한 한시(漢詩)를 넣기도 하고, 역사적 사료를 그대로 인용하기도 한다. 그러므로 차상찬의 글에 대한 논의는 그의 글이 지닌 고유한 특성을 이해하는 데에서부터 출발해야 할 것이다. 그는 한문학에 바탕을 두고 근대 지식을 받아들인 세대로서, 전통의 단절과 서구의 모방을 추구했던 근대 지식인과는 다른 독창적 사유를 지녔고, 이는 그의 글에 고스란히 반영되어 있다.[28]

이에 대해 "근대문학의 관점에서 차상찬의 글들은 문학이 역사와 철학으로부터 독립하기는커녕 오히려 견고하게 결합하고 있기 때문에 연구자들이 근대문학의 영역으로 포함시키는 것을 주저하고 곤혹스럽게 만든다. 따라서 차상찬의 문학을 복원하는 것은 우리가 당연시 여겨왔던 근대문학의 경계에 숨겨진 모순들과 다양한 틈새 균열을 만들고 보다 유연한 사고를 전제로 한다."[29]는 지적이 있다.

이는 차상찬의 글을 정확하게 이해하고 연구의 방향성을

---

28) 정현숙, 위의 논문, 88쪽.

제시하였다는 점에서 시사하는 바가 크다. 요컨대 그의 글은 근대적이고 세분화된 학문 분류와 장르 구분으로는 접근하기 어렵다. 전통과 근대의 길목에서 다양한 서사 전략을 구현한 그의 글에 대한 학문적 접근은 이러한 인식이 전제되어야[30] 할 것이다.

7. 애국 애족의 역사학자요 민속학자인 차상찬

차상찬은 뛰어난 역사학자요 민속학자였다. 차상찬이 우리 민속학의 초창기에 기여한 업적을 그의 주요 저술을 중심으로 정리하면 다음과 같다.

차상찬은 당시 어려움 속에서 지켜 온《개벽》지를 통해 총 54편의 글을 발표하였다. 이 중에서 민담 · 풍속 · 여속 · 답사에 관련된 글이 46%이고, 야사가 16%, 평론 12%, 한시 6%, 기타 20%로 민속 분야의 글이 가장 많다. 이밖에도 차상찬은《개벽》지 외에 민요 · 풍속 · 답사기 · 여속에 관련된 내용의 글을《별건곤》에 45편,《조광》에 28편,《신여성》에 27편 등을 발표했다.[31]

---

29) 오현숙, 앞의 논문, 56쪽.
30) 정현숙, 앞의 논문, 89쪽.
31) 박종수, 앞의 논문, 261쪽.

이처럼 차상찬은 일제 시대의 대표 언론인으로 알려져 있기는 하지만, 사실은 민속·야사 등을 발굴하여 민간에 소개하며, 우리의 전통문화를 구명한 민속학자로서 탁월한 업적을 남기었다.

언론인으로 더 많이 알려진 것은 그가 주로 언론을 통해 민족문화 발굴에 힘썼고, 계속되는 강제 연행과 구금 속에서도 항일 언론 운동을 주도한 인물로서의 면모가 강하게 부각되었기 때문인 것으로 볼 수 있다.

지금까지 조사된 바에 따르면 차상찬은 생전에 우리 역사와 민속에 관련한 단행본 두 권을 출간하였고, 초고나 제본 형태로 다섯 권을 남겼다. 단행본은 주로 잡지와 신문에 발표한 글들을 수정 보완하여 책으로 묶은 것이다. 관련 목록은 다음과 같다.[32]

---

32) 정현숙, 앞의 논문, 83쪽.

〈표〉 차상찬 저술의 단행본 및 제본 형태 목록

번호	제목	출판사	연도	참고사항
1	조선사천년비사(朝鮮四千年秘史)	복성당서점	1934	
2	해동염사(海東艶史)	한성도서	1937	
3	조선백화집(朝鮮白話集)	조선출판사	1942	초고, 출판금지 표시
4	조선사외사(朝鮮史外史)	명성사	1947	유고집
5	한국야담사화(韓國野談史話)	동국문화사	1959	공저
6	조선민요집(朝鮮民謠集)			끈으로 묶은 형태
7	청오만록(靑吾漫錄) 1,2,3권			육필 원고, 제본 형태
8	동사요람(東史要覽)			제본 형태
9	낭자군과 편의대(娘子軍과 便衣帶)			제본 형태
10	청오시고(靑吾詩稿)			미확인

이 중에 《조선사천년비사》, 《해동염사(海東艶使)》는 단행본으로 발행된 것이고, 나머지는 초고 제본 형태와 육필 원고로 남아 있다. 아직까지 《청오시고》는 실물로 확인되지 않고 있다.

첫 단행본인 《조선사천년비사》(1934)는 조선의 주요 역사적 사건을 기술한 책이다. 《삼국사기》, 《삼국유사》, 《고려사》 등 63권의 '본서인용서적' 목록을 제시하고 있다. 역사서를 근거로 하되 대중들의 이해를 위해 조선의 역사를 알기 쉽고 흥미롭게 기술하는 데 초점을 둔 것으로 평가된다.

《조선사천년비사》에서 한 가지 주목할 것은 책 맨 앞 장에 이충무공 초상, 고구려 광개토대왕비문의 일부, 관군에게 호송되는 전봉준의 사진을 차례로 싣고 있다는 점이다.

이 세 장의 사진은 역사 왜곡을 통해 식민사관을 공고히 하고 식민체제를 강화하려는 당시 상황에서 검열을 피하면서 우리나라 역사의 자긍심을 상징적으로 강조한 것으로 보인다. 왜적을 물리친 명장 이순신 장군과 광활한 영토 확장을 기록한 광개토대왕비, 그리고 척왜척양을 외친 전봉준을 전면에 내세우면서 차상찬은 자신의 역사의식과 저술의도를 암시하고 있는 것이다.[33]

차상찬의 주목할 만한 저서로는《해동염사》(1937)를 들 수 있다.《해동염사》는 '조선의 정사, 야사, 문집, 전설, 그 외 여러 기록 중에서 특히 이름난 여자들의 사적만 뽑아서 편술한' 책이다. 이 책은 남녀노소 누구나 쉽고 흥미있게 읽을 수 있도록 특별히 '한글'로 씌여져 있다. 1937년 당시의 민속 연구는 신문이나 잡지의 일부 지면을 통하여 발표되었으며, 불가피한 상황 때문이었겠지만 대부분의 논문이 일어로 씌여져 있다. 하지만 차상찬은 "누구나 읽기에 가장 편하고 흥미를 갖게 하기 위해 우리글로 쉽게 읽게 썼다"고 하면서, 우리의 전통문화를 애써 널리 알리고자 한 것이다.

그리고《조선백화집(朝鮮白話集)》(1942)은 잡지에 발표되었던 글을 수정 보완한 것이다. 이 책은 일제의 불허 표시가 선명하게 찍혀 있고, 현재 초고 제본 형태로 남아 있다. 이

---

33) 정현숙, 위의 논문, 84~85쪽.

책의 서(序)에서 차상찬은 "조선 사람은 무엇보다도 먼저 조선을 잘 알아야 한다. 조선 사람으로 조선을 잘 알지 못하는 것은 마치 자기로서 자기 자신을 잘 모르고 자기 집을 잘 모르는 것과 마찬가지다."라면서, 우리의 전통과 역사에 대해 강조하고 있다, 범례에서는 "이 책은 조선의 여러 가지 사실에 관한 이야기를 모아 만든 것임으로 특히 '조선백화집'이라 이름하였다"고 제목의 의미를 밝히고 있다.

조선의 제도와 인물, 사적과 일상사 등을 상세히 서술하고 있는 이 책은 일상생활까지 식민지 체제로 재편되는 상황 속에서 우리나라의 전통과 역사를 세세히 기록하고 있다는 점에서 중요한 의미가 있다.

《조선백화집》 중 일부 원고는 생전에 출판되지 못하고, 사후에 유고로 일부가 출판되었다.《조선사외사(朝鮮史外史)》(1947)가 바로 그것이다. 차상찬의 못다 한 저술을 그의 유언에 의해 발간된《조선사외사》는 우리의 전통 제도와 풍속을 주로 다룬 민속학 총서이다. 특히 우리의 세시풍속을 세밀히 다루고 있다.

이렇듯 차상찬은 우리의 고유 역사를 위시해 전통 제도와 세시풍속을 통하여 기층적인 우리의 생활 문화를 연구하고 저술함으로써 민족문화의 특징과 우수성을 밝히고자 노력한 선구자적 민속학자이자, 애국 애족의 역사학자이다.

8. 특별히 어린이와 여성을 사랑했던 차상찬

차상찬은 특별히 어린이와 여성을 사랑했던 인물이다. 거칠 것 없이 일제에 항거하며 대쪽 같은 이미지를 보이는 한편 그의 속마음에는 당시 늘 소외와 차별의 대상이었던 어린이와 여성에 대한 따뜻한 사랑이 깃들어 있었던 것이다.

차상찬은 소파 방정환과 함께 어린이문화운동을 펼친 장본인이다. 1922년 5월 1일 이 땅에 처음으로 '어린이의 날'이 제정되었는데, 여기엔 방정환과 함께 차상찬의 기여가 큰 역할을 하였다. 원래 어린이날은 1922년 5월 1일 '천도교 소년회' 이름으로 선포되었다. 선포식에 앞서 그 해 4월 22일 차상찬을 비롯해 방정환, 김기전, 박달성, 구중회 등 다섯 명의 지도위원들은 54명의 회원들과 함께 '천도교 소년회'를 발족하고 대대적인 기념행사와 함께 어린이운동을 전개해 나갈 것을 골자로 하는 정관을 채택하였다.

당일 기념행사는 일본 당국의 집회 허락이 늦게 떨어져 오후에 진행되었다. 선전대와 창가대가 각각 세 대의 차량에 나눠 타고 거리를 돌며 어린이날의 취지를 알리는 전단지를 배포했다. 이것이 우리나라 최초의 어린이날 행사였다.[34]

《어린이》잡지의 발행인이자 《어린이》지를 발간한 1923

---

34) 박상재, 〈차상찬과 방정환〉, 인터넷신문 《미디어 인성시대》, 2016. 6. 4. 참조(http://mediainsung.com).

년을 전후해 개벽사의 발행인이 방정환이기 때문에 '어린이날' 제정에는 소파 방정환이 앞장선 것이 틀림없다. 하지만 어린이날 제정을 방정환 혼자 한 것은 아니다. 무엇보다 어린이날을 기획하고 선포하는 데는 차상찬의 역할이 컸다. 실제로 방정환은 어린이날을 제정하던 1922년과 1923년에 일본에서 유학하고 있었으며, 이 당시인 1923년 3월 우리나라 최초의 순수 아동잡지 《어린이》를 창간하였다. 이 잡지는 월간으로서 일본 동경에서 편집하고, 서울 개벽사에서 차상찬 주도로 발행을 대행했던 것이다.

1928년 10월 개벽사의 차상찬은 동아일보와 공동 주최로 〈세계아동예술전람회〉를 개최하였다. 열악한 재정 여건임에도 불구하고 20여 개국 어린이들의 작품들을 수집, 전시함으로써 당시 암울한 식민시대를 살던 우리 소년소녀들의 가슴에 꿈과 용기를 심어주고자 했던 것이다.[35]

또한 차상찬은 어린이에게도 투철한 민족의식을 심어주고자 했다. 그의 글은 주로 '사화(史話)', '사담(史談)', '역사동화(歷史童話)'라는 표제어 아래, 역사적 사건이나 영웅들의 이야기를 통해 민족적 자긍심을 고양시키려는 작품들이 많다. 그는 《어린이》 잡지에 '을지문덕 장군', '정포은과 이율곡', '정충신 이야기' 등을 발표했다. 우리나라 역사를 빛낸 위인

---

35) 박상재, 위의 기사, 참조.

들의 전기 이야기를 통해 우리 역사와 민족에 대한 자긍심을 심어주고자 했던 것이다.《어린이》에는 이러한 글이 50여 편 실려 있다. 다른 필명 '삼산인'으로 발표한 글까지 포함하면 60여 편에 이르고, 아직 발굴되지 않은《어린이》6개 호에도 차상찬의 글이 실려 있을 개연성이 높다.

결코 적지 않은 작품 수이다. 그의 어린이에 대한 순수한 사랑을 넘어 아동문학의 측면에서 차상찬을 새롭게 조명해야 할 필요성이 제기되는 근거이기도 하다.[36]

차상찬은 당시 소외와 차별의 대상이었던 여성에게도 특별한 관심을 두었다. 그가 펴낸《해동염사》는 우리 역사에 두드러지게 드러난 여성의 풍속에 대한 기록을 정리한 것이다.《해동염사》는 조선의 정사, 야사, 문집, 전설 등의 자료에서 이름난 여인의 사적만 가려 뽑아서 편술한 책이다. 책의 내용은 왕비에서 명기(名妓)에 이르기까지 모든 계층에서 역사에 등장하는 여자들의 행적을 기술하고, 여성에 관련한 전설, 민요, 괴담, 만담, 희담 등도 담고 있다.

원래 차상찬의 글은 한문체나 국한문혼용체가 많은데, 이 책은 여성 독자층을 고려하여 한글체로 썼다는 점도 특이하다. 곧 그의 여성을 향한 보편적이고 평등적인 사랑을 알 수 있게 한다.

---

36) 정현숙, 앞의 논문, 82~83쪽 참조.

차상찬은 역사적으로 이름난 여자들이 많음에도 불구하고 남성중심 사회에서 여자를 중심으로 한 책이 없다는 점을 지적하고, 남녀 차별에 대한 비판적인 의식을 과감히 드러내고 있다. 그는 남성 본위로 조직된 사회를 '재래 사회'로 보고, 이 사회에서 붓을 잡는 사람은 모두 남성뿐이기에 여성의 역사는 거의 불문에 붙여져 매몰되고 말았다고 전제하면서, 당시로서는 상상할 수도 없었던 '남녀 평등'을 주장하며 선각자적인 면모를 보인 것이다.

9. 고향과 사람과 술을 사랑했던 따뜻한 인간 차상찬

차상찬은 특별히 고향인 강원도 춘천을 사랑했으며, 누구보다도 사람과 술을 좋아했던 따뜻한 인간이었다.

차상찬은 강제 폐간되는 《개벽》 72호(1926.8)에 소양학인(昭陽學人)이라는 필명으로 춘천을 소재로 한 짧은 글 〈수춘만평(壽春漫評)〉을 발표한다.

이 글에서 차상찬은 자신의 고향인 강원도 춘천의 근황을 다음과 같이 전하고 있는데, 여기에서도 식민지 현실에 대한 부정적인 시선과 함께 고향에 대한 연민이 잘 드러나고 있다.

"조선 각 도(道) 중 교통이 제일 불편한 곳은 아마 우리 춘천

(春川)일 것이다. 철도는 그만두고 자동차길까지도 불완전한 중에 작년 홍수 이후로는 더욱 파괴가 되어 불편이 심하다. 그런데 당국에서는 도로공사 청부인(請負人)으로 유희(遊戱)를 식히는 모양인지 언제부터 착수한 그놈의 길이 아즉까지 완공의 전도(前途)가 망연할 뿐 안이라 이번 폭우로 인하야 기성(旣成)한 공사까지도 대부분이 다 또 손실을 하게 되얏스니 어느 시기에나 준공이 될지 모르겟다. 도로야 잘 되던 안 되던 공사 마튼 일본인의 배만 불넛스면 제일 상책인가. 당국에 일문(一問)코자 한다. 교통 말이 낫스니 말이지 경춘간 자동차 대금처럼 고가인 대금은 세계에 희유(稀有)일 것이다. 불과 190리(朝鮮里)에 6원이 다 무엇이냐. 그런데 민간에서 그 임금의 감하문제(減下問題)를 닐으키닛가 자동차회사 측에서 하는 말이 감하하는 것이 당연한 일이나 아즉까지 남선(南鮮)과 가티 도로가 완성되지 못한 이상에는 시간 관계상 실비가 만흔닛가 감하할 수가 업다고 하더라고. 구실로는 그를 듯하다 만은 너무나 과(過)한 구실이 안일가. 도립기업전습소(道立機業傳習所) 학생(여자) 40여 명은 일본인 선생이 사직한다고 단식동맹을 하얏다 한다. 사직(辭職)을 하엿기에 그럿치 만일 죽엇더면 전부 순사(殉死)할 터인가. 가가(呵呵)"[37]

위 글에서 보는 바와 같이 '우리 춘천'이라는 표현에서

---

37) 차상찬, 〈수춘만평(壽春漫評)〉, 《개벽》 72호, 1926.8, 71쪽.

필자가 춘천 출신임을 알 수 있다. 차상찬의 고향은 강원도 춘천이고, 소양강 기슭 송암리에서 성장하였다. 차상찬은 천도교에 입문한 이후로 잡지 《개벽》의 기자로서 강원도의 역사와 문화, 풍속과 인물에 대해 조사(《개벽》 1923년 12월호에 게재)하는 등 근대 시기 조선인이 주체적으로 '개벽적 대사업'을 체계적으로 전개, 조사한 것으로 평가받는다. 뿐만 아니라 1923년에 청오라는 필명으로 《관동잡영》에 강원도 지역이나 명승고적을 소재로 한 한시(漢詩)를 게재했으며, 강원도편 종합조사지인 '조선의 처녀지인 관동지역'이라는 기사는 관동의 지명 유래에서 시작해 지리 분포, 지세, 기후, 인정, 풍속, 언어, 연혁, 교육과 종교개황 등을 개괄한 바 있다.[38] 그는 종종 자신의 글에서 "나는 강원도 사람이다", "우리는 춘천 사람이다"라고 밝히고, 〈춘천! 춘천!! 춘천!!! 춘천의 봄〉(《별건곤》 6호, 1927. 4.) 등 고향에 대한 글도 여러 편 썼다. 그만큼 차상찬은 나고 자란 고향 강원도 춘천을 애지중지 사랑했던 것이다.

 차상찬 주위엔 늘 사람들로 넘쳐났다. 특히 지인들과의 술자리에서 함께 나누는 가무·재담·만담에 뛰어난 인물이었다. 그는 두주불사로 석양배 한 잔 하지 않고서는 집에 가

---

[38] 조갑준, 〈광복의 달 8월에 되새기는 차상찬 선생〉, 《프린팅코리아》, 2018년 8월호 참조.

기를 섭섭해 하는 애주가였으며, 여러 문인들과도 잘 어울렸다고 한다. 차상찬은 잡지《개벽》을 통해 김유정, 염상섭, 김동인, 박종화, 현진건, 나도향, 김소월, 이상화, 백철, 박영희 등 당대 최고 문인들을 등용·배출했는데[39], 늘 그들을 따뜻하게 후원 격려하며 거리낌없이 자주 어울리곤 했다.

그가 개벽사를 맡았을 당시에는 소파 방정환과 가깝게 지냈는데, 주변에서는 "청오가 기둥이고 소파는 들보"라 했다고 전한다. 소파는 술을 한 잔도 못하는 체질이었지만, 청오는 술자리에서 술잔 수에 따라 사람이 달라지고 재미있어 진다며 너털웃음으로 상대했다고 한다. 개벽사를 이끌어 가면서 하루하루를 조마조마하게 살았던 그의 불안과 초조를 풀어주는 곳은 술집밖에 없었다고 윤석중도 증언한 바 있다.[40]

그의 용모는 작은 체구이지만 단단한 체격에 앞이마가 훌렁 벗어진 머리에 차돌맹이같이 보여, '대추방망이'이라는 별호로 통하였다고 한다. 대머리 때문에 여자가 동석한 술자리에서는 계절을 가리지 않고 항상 모자를 쓰고 있었다고 전한다. 옷맵시는 늘 단정했는데, 여름에는 맥고모자에

---

[39] 황경근, 〈춘천 최고의 근대 지식인 '청오 차상찬 선생 동상' 제막〉, 매일일보, 2015.5.28, 참조.

[40] 윤석중, 〈차상찬에 관한 일화〉, 대한일보.

흰 양복, 흰 구두에 단장을 짚고 금회중시계를 차고 다닌 멋쟁이였다. 또 사계절 채식을 즐겼다고 한다.

그가 이렇게 멋을 내고 채식을 즐기며 꼿꼿한 문필가로서의 삶을 살 수 있었던 것은 아내 홍순화(洪順嬅)의 내조의 덕이라고 전한다. 일생을 가난에 시달린 그의 아내는 아들(차웅렬)에게 "아버님은 책만 알았지 살림을 돌볼 줄 몰랐으니, 너만은 명예니 뭐니 하는 것은 집어치우고 하루 밥 세 끼나 먹을 수 있도록 하라"고 당부했다고 한다.[41]

요컨대 차상찬은 자신과 가족의 안녕보다는 조국의 역사와 문화, 언론과 잡지를 지키는 게 우선이었던 것이다. 곧 안빈하는 철학으로 곤궁한 생활 속에서 잡지사를 이끌어 가며 일생을 애국 애족에 헌신한 선구자로서, 민족적 사명 의식과 순교자적 자세로 일관한 '애국 애족의 계몽 사상가'라 하겠다. 그런 가운데서도 고향과 사람과 술을 특별히 사랑했던 따뜻한 인간적 면모도 잃지 않았던 것이다.

---

41) 박종수, 앞의 논문, 260~261쪽.

10. 결론 및 제언

1) 결론

일제강점기 대표적인 언론인이며 잡지계의 선구자인 청오 차상찬은 그가 남긴 뛰어난 업적에 비해 제대로 알려지지도 또 제대로 평가받지도 못한 것이 사실이다. 차상찬은 그가 활동했던 제 분야에서의 상당한 업적에도 불구하고, 그 동안 그에 대한 학계를 비롯한 후세의 관심 부족 탓에 제대로 평가를 받지 못하고 있다.

그래서 본고는 청오 차상찬의 생애를 전기적 사실의 규명을 통해 확인하면서, 일제강점기의 대표적 잡지인이요 문필가요 민속학자로서의 차상찬을 위시해 한없는 넓이와 깊이를 지녔던 인물 차상찬을 새롭게 발견하고 해석하고자 하였다.

청오 차상찬은 1887년 2월 12일 강원도 춘성군 신동면 송암리(현 춘천시 송암동)에서 태어났다. 성균관 진사를 지낸 부친 등 한학에 조예가 깊은 지조 있는 가문의 영향 아래 차상찬은 어려서부터 한학을 익히고 또 천도교에 귀의하며 의지와 신념을 지닌 인물로 성장해 나갔다.

차상찬의 생애에서 천도교와의 인연은 중요한 의미를 갖는다. 1911년《천도교회월보》학술부 기사를 담당하면서 처음 잡지계에 몸담게 된 그는 1920년 천도교 청년회에서 신문화운동을 바탕으로 조선인의 계몽을 위하여 창간한 잡지 《개벽》에 창간 동인으로 참여하게 된다. 차상찬은 교정일치적인 천도교 사상을 바탕으로 보국안민과 조선계몽을 위해 그 자신이 직접 잡지인으로 나서며 신문화운동과 배일구국의 선봉에 서게 된 것이다.

《개벽》은 우리 민족과 수난의 역사를 함께 한 민족의 증언서였다. 《개벽》이 당시 한국 종합지의 효시이면서 민족저항 잡지로 일관할 수 있었던 것도 결코 우연한 일이 아니었다. 차상찬은 겨레의 울분을 《개벽》 속에 붓으로 휘두르며 일제에 항거했다. 그는 《개벽》의 창간부터 복간까지 주요 필자이자 정경부 주임, 편집국장, 주간, 발행인, 편집 고문 등을 맡았다. 《개벽》의 창간과 발행에 숱한 잡지인이 들고났지만, 차상찬은 그 영욕의 시간을 처음부터 끝까지 함께 한 유일한 인물이었다.

《개벽》이 일제로부터 강제 폐간 당한 이후로도 차상찬은 조금도 굴하지 않고 애국과 민족운동 차원으로 다시 새롭게 잡지의 창간과 발행에 매진했다. 그는 일제강점기 잡지계의 '전설'이었으며, 식민지 당국의 언론 탄압에 적극적으로 저항한 대표적인 언론인이었다.

차상찬은 당대의 최고 문필가이기도 했다. 그는 뛰어난 기지와 재치로 세인들을 울리고 웃기면서도 언제나 배일사상이 농축된 글로 정론직필을 휘둘렀다. 명문필가로서 차상찬은 수많은 글을 남겼다. 차상찬이 발표한 글이 60,000쪽이 넘는다는 견해가 있는가 하면, 410편 또는 700여 편이라는 주장도 있다. 글의 내용은 역사, 문화, 사상, 민속, 문학 등 지평이 넓고, 종류도 한시, 소설, 수필, 동화, 역사서사, 야담, 보고서, 논설, 논문 등 다양하고, 문체도 한문체, 국한문혼용체, 한글체 등 다채로웠다.

차상찬은 일제 시대의 대표 언론인으로 알려져 있지만, 사실은 민속·야사 등을 발굴하여 민간에 소개하며, 우리의 전통문화를 구명한 민속학자로서 오히려 탁월한 업적을 남기었다. 차상찬은 우리의 고유 역사를 위시해 전통 제도와 세시풍속을 통하여 기층적인 우리의 생활 문화를 연구하고 저술함으로써 민족문화의 특징과 우수성을 밝히고자 노력한 선구자적 민속학자이자 애국애족의 역사학자였다.

차상찬은 특별히 어린이와 여성을 사랑했던 인물이다. 거칠 것 없이 일제에 항거하며 대쪽 같은 이미지를 보이는 한편 그의 속마음에는 당시 늘 소외와 차별의 대상이었던 어린이와 여성에 대한 따뜻한 사랑이 깃들어 있었던 것이다.

차상찬은 소파 방정환과 함께 어린이문화운동을 펼친 장본인이다. 이 땅에 '어린이날'을 기획하고 선포하는 데는 차상찬의 기여가 컸다. 그는 역사적 사건이나 영웅들의 이야기를 통해 어린이에게도 투철한 민족의식을 심어주고자 했다. 그의 어린이에 대한 순수한 사랑을 넘어 아동문학의 측면에서 차상찬을 새롭게 조명해야 할 필요성이 제기되기도 한다.

　차상찬은 자신의 저서와 글을 통해 남녀 차별에 대한 비판적인 의식을 과감히 드러내었다. 그는 남성 본위로 조직된 사회를 '재래 사회'로 보고, 이 사회에서 붓을 잡는 사람은 모두 남성뿐이기에 여성의 역사는 거의 불문에 붙여져 매몰되고 말았다고 전제하면서, 당시로서는 상상할 수도 없었던 '남녀 평등'을 주장하며 선각자적인 면모를 보였다.

　차상찬은 특별히 고향인 강원도 춘천을 사랑했으며, 누구보다도 사람과 술을 좋아했던 따뜻한 인간이었다. 차상찬 주위엔 늘 사람들로 넘쳐났다. 특히 지인들과의 술자리에서 함께 나누는 가무·재담·만담에 뛰어난 인물이었다. 차상찬은 잡지 《개벽》을 통해 김유정, 염상섭, 김동인, 박종화, 현진건, 나도향, 김소월, 이상화, 백철, 박영희 등 당대 최고 문인들을 등용·배출했는데, 늘 그들을 따뜻하게 후원 격려하며 거리낌없이 자주 어울리곤 했다.

　차상찬은 자신과 가족의 안녕보다는 조국의 역사와 문화, 언론과 잡지를 지키는 게 우선이었다. 곧 안빈하는 철학으로 곤궁한 생활 속에서 잡지사를 이끌어 가며 일생을 애국 애족에 헌신한 선구자로서, 민족적 사명 의식과 순교자적 자세로 일관한 '애국 애족의 계몽 사상가라' 하겠다. 그런 가운데서도 고향과 사람과 술을 특별히 사랑했던 따뜻한 인간적 면모도 잃지 않았다.

이상으로 차상찬을 제대로 규명하고 해석하고자, 천도교인으로서의 차상찬, 언론인과 잡지인으로서의 차상찬, 명문필가로서의 차상찬, 역사학자이자 민속학자로서의 차상찬, 특별히 어린이와 여성을 사랑했던 차상찬, 고향과 사람과 술을 좋아했던 따뜻한 인간 차상찬 등에 대해서 차례로 전기적 사실을 바탕으로 고찰해 보았다. 그 결과, 차상찬은 차상찬이었다. 차상찬은 도저히 어느 한 분야의 업적이나 인물로 국한할 수가 없었다. 결코 재단할 수 없는 한없는 넓이와 깊이를 가진 인물이기에, 차상찬은 차상찬일 수밖에 없는 것이다.

2) 제언

본고는 청오 차상찬의 생애를 전기적 사실의 규명을 통해 확인하면서, 일제강점기의 대표적 잡지인이요 문필가요 민속학자로서의 차상찬을 위시해 한없는 넓이와 깊이를 지녔던 인물 차상찬을 새롭게 발견하고 해석하고자 하였다. 그러나 본고 역시 차상찬에 대한 본격적인 연구의 시론에 불과할 것이다. 향후 연구에서는 학술적 논의 및 실증적 검토와 함께 종합적인 연구와 평가가 이루어져야 할 것이다.

차상찬에 대한 학술적 논의는 크게 두 시각에서 접근할 수 있다. 하나는 언론인, 잡지인, 출판인으로서 그가 지닌 위상과 의미를 밝히는 논의이고, 다른 하나는 문필가, 집필자로서 그가 남긴 텍스트들의 내용과 의미를 분석하는 논의이다.

이러한 학술적 논의의 방법론으로는 우선적으로 차상찬의 모든 저작물을 대상으로 실증적으로 조사, 정리해야 할 것이다. 조사 대상은 일차적으로 개벽사에서 발행한 잡지와 주요 단행본이 돼야 할 것이다. 그것은 차상찬의 주활동 무대가 개벽사였고, 상당수의 글이 이 잡지들을 통해 발표되었기 때문이다. 이차적으로는 개벽사에서 발행한 잡지와 주요 단행본 이외의 차상찬 관련의 모든 잡지와 출판물, 자료, 글 등이 조사 대상이 돼야 할 것이다.

아울러 실증적인 검토와 조사를 하기 위해서는 차상찬 관련의 원문 확인, 자료 확인, 필명 확인 등의 작업이 객관적이며 과학적으로 이루어져야 할 것이다.

이러한 향후 연구를 통하여 더 늦기 전에 하루라도 빨리 차상찬의 위상과 성과가 새롭게 조명되고 평가되어야 한다. 그것이 도저히 어느 한 분야의 업적이나 인물로 국한할 수가 없는, 결코 재단할 수 없는 한없는 넓이와 깊이를 가진 겨레의 인물 차상찬을 오늘에 되살리는 일이다.

□ **참고문헌**

김재중,《신인간》, 통권 543, 550호, 1995~1996.

김태웅,〈차상찬의 지방사정조사와 조선문화인식—'조선문화의 기본조사'를 중심으로〉,《청오 차상찬 서거 70주년 기념학술대회 발표집》, 한림대학교 국제회의실, 2016. 5. 20.

박길수,《차상찬 평전》, 모시는 사람들, 2012.

박상재,〈차상찬과 방정환〉, 인터넷신문《미디어 인성시대》, 2016.6.4.

박종수,〈차상찬론(車相瓚論)〉,《한국민속학(韓國民俗學)》, Vol.28 No.1, 韓國民俗學會, 1996.

박진,〈청오 차상찬〉,《세세년년》

백철,〈나의 개벽 시대〉, 대한일보, 1969.

오현숙,〈차상찬 전집 간행을 위한 제언—아동문학을 중심으로〉,《청오 차상찬 탄생 130주년 기념 학술대회 발표집》, 한림대학교 국제회의실, 2017. 5. 12.

윤석중,〈남기고 싶은 이야기들〉, 대한일보

이광순,〈해제, 조선농민지의 내력〉,《조선농민》 영인본, 보성사, 1977.

이상점,〈차상찬 편〉,《한민족의 슬기》, 청화, 1983.

정용서,〈1930년대 개벽사 발간 잡지의 편집자들〉,《역사와실학》통권 57호, 2015.

정지창,〈해학과 재치의 문필가 청오 차상찬〉,《사람과문학》통권 75호, 2015.

정진석,〈개벽사와 '문화적 민족주의와 잡지 언론인 차상찬〉,《청오 차상찬 서거 70주년 기념 학술대회 발표집》, 한림대학교 국제회의실, 2016. 5. 20.

정현숙,〈차상찬 전집 발간을 위한 자료 조사의 범위와 방법〉,《청오 차상찬 탄생 130주년 기념학술대회 발표집》, 청오차상찬선생기념사업회·한림대 아시아문화연구소, 2017. 5. 12.

―,〈차상찬 연구〉,《근대서지》, 통권 16호, 근대서지학회, 2017.

―,〈차상찬 연구〉,《근대서지》, 통권 17호, 근대서지학회, 2018.

조갑준,〈광복의 달 8월에 되새기는 차상찬 선생〉,《프린팅코리아》, 2018년 8월호.

차상찬,《조선사천년비사》, 북성당서점, 1934.

―,《조선사천년비사》, 현명서림, 1979.

―,《해동염사》, 한성도서주식회사, 1937.

―,〈나의 아호〉,《중앙》, 1936. 4.

―,〈수춘만평(壽春漫評)〉,《개벽》72호, 1926. 8.

차웅렬,〈일제하 천도교의 언론투쟁과《개벽》잡지〉,《신인간》통권 694호, 2008.

최덕교 편,《한국잡지백년》2, 현암사, 2005.

최수일,《개벽연구》, 소명출판, 2006.
최영수, 〈인비의 서〉, 경향신문, 1949. 6. 1.
황경근, 〈춘천 최고의 근대 지식인 '청오 차상찬 선생 동상' 제막〉, 매일일보, 2015. 5. 28.
강원일보, 〈태백의 인물〉, 1988~1991.
경향신문, 〈여명의 개척자들〉, 1984. 7. 28.
교육세계, 〈일제에 저항한 필봉은 살아 있다〉, 1976. 5. 19.
충효교육, 〈청오가 남긴 충절의 삶〉, 문종서관, 1977.
춘천 MBC, 〈펜을 든 항일지식인 청오 차상찬〉, 2014년 7월 25일 18:10~19:00 방송.
다음 백과, http://100.daum.net/encyclopedia/view/b01g1791a
인터넷신문《미디어 인성시대》, 2016.6.4. http://mediainsung.com
한국사데이터베이스, http://db.history.go.kr.

그외

차상찬 관련 잡지《조광》《신여성》《별건곤》《제일선》《학생》《혜성》《개벽》《어린이》《신인간》《춘추》《조선농민》《월간야담》 등.

2부 · 발제에 대한 토론

박원경(좌장)   윤세민 교수님께서 "차상찬은 차상찬이다"라는 서두로 시작해서 차상찬이라는 멀티플레이어적인 인물을 눈에 보이듯 정리를 너무 잘해주셔서 감사하고, 시간 엄수해주셔서 감사합니다.

　다음은 토론을 맡아주신, 인천대 교수이자 제3대 범우포럼 회장님이신 이문학 교수님 토론 부탁드리겠습니다.

이문학   안녕하세요 이문학입니다. 앞에서 윤형두 이사장님께서도 말씀하셨고 또 1부의 토론을 해주셨던 김인철 교수님께서도 말씀하셨고, 조일래 감사님도 말씀을 하셨듯이 저도 차상찬이라는 인물을 몰랐습니다. 이번 기회를 통해 알게 되었는데 그럼에도 불구하고 차상찬 선생님은 대단한 분이셨던 것 같습니다.

　그의 용모는 작지만 단단한 체격에 앞이마가 훌렁 벗

어진 머리에 차돌맹이같이 보여, '대추방망이'라는 별호로 통하였다고 합니다. 대머리 때문에 여자가 동석한 술자리에서는 계절을 가리지 않고 항상 모자를 쓰고 있었다고 전합니다. 옷맵시는 늘 단정했는데, 여름에는 맥고모자에 흰 양복, 흰 구두에 단장을 짚고 금회중시계를 차고 다닌 멋쟁이였습니다. 또 사계절 채식을 즐겼다고 합니다. 그가 이렇게 멋을 내고 채식을 즐기며 꼿꼿한 문필가로서의 삶을 살 수 있었던 것은 아내 홍순화(洪順嬅)의 내조의 덕이라고 적고 있습니다. 본 토론자도 이번 기회에 비로소 차상찬의 얼굴을 알게 됐습니다.

일반 포털 사이트에서는 〈한국민족대백과〉를 인용하여 차상찬을 시인, 수필가, 언론인으로만 간단하게 소개하고 있지만, 발표자는 차상찬에 대해 잡지《개벽》을 중심으로 애국 운동과 민중 계몽을 주도한 언론인, 잡지인, 출판인이었음을 알려드립니다. 또 수많은 잡지와 출판물을 발행하며 스스로 왕성한 필력을 펼친 저자요 시인이며 수필가였습니다. 또한 우리 역사, 특히 민속과 야사 연구에 전력을 기울인 역사학자요 민속학자입니다.

그런 가운데 그는 일제의 언론 탄압에 맞서 온몸으로 항거하며, 문화 운동을 통해 독립 운동을 주도한 독립 투쟁의 지도자이기도 합니다. 그러면서도 사람과 문화와 술을 지극히 사랑했던 넓고 깊은 인간적 풍모를 갖춘 멋진 인물이었습니다. 따라서 '차상찬은 차상찬이다'라고 하고 있습니다. 또한 당시로서는 상상할 수도 없었던 '남녀평등'을 주장하며 선각자적인 면모를 보이기도 하였으며, 고향인 강원도 춘천을 사랑했으며, 누구보다도 사람과 술을 좋아했던 따뜻한 인간이었습니다. 그러면서 그에 대한 연구가 제대로 이루어지지 않고 있음을 한탄했습니다. 사실 그렇습니다. 본 토론자도 지금껏 천재이면서 우리 출판업계의 큰 스승 차상찬에 대해 제대로 알지 못했습니다. 아니, 그 이름마저 생소했음이 사실입니다.

발제자는 차상찬, 그가 남긴 뛰어난 업적에 비해 제대로 알려지지도 또 제대로 평가받지도 못한 것이 사실입니다. 사회는 남다른 사상을 지니고 헌신적으로 활동한 인물들을 통해 발전했습니다. 발제자는 그들의 업적을 올바로 평가하고 계승하는 것은 후세대의 책무라고 말하면서 청오(靑吾) 차상찬에 대한 연구의 필요성을 강조하고 있습니다. 그러면서 연구의 방향과 방법론을 제시합니다. 본 토론자도 여기에 동감합니다. 본 세미나를 통하여 우리 후학들의 자성과 분발이 있기를 기대하면서 두 가지 질문을 드리겠습니다.

첫째, 본문의 내용 중에 "《개벽》은 창간과 강제 폐간, 속간과 폐간, 그리고 복간을 거듭했다. 즉 《개벽》은 1920년 6월 창간하여 총독부로부터 수차례 압수, 삭제, 정간,

벌금 등을 받으면서 버티다가 1926년 8월 통권 72호로 강제 폐간되었다. 이후 다시 1934년 11월에 속간하여 1935년 3월까지 4호를 발행하다 폐간되었다. 해방 후인 1946년 1월에 김기전에 의해 다시 복간하여 1949년 3월까지 9호를 발행하고 폐간되었다"는 내용과 "1945년(58세) 《개벽》지 편집 고문을 끝으로 언론계에서 은퇴함"이라는 내용이 있는데요. 이 글대로라면 차상찬이 언론계에서 은퇴한 시점이 1935년 《개벽》이 폐간되고 1946년 1월 김기전에 의해 재복간되기 전으로, 즉 《개벽》지가 사실상 존재하지 않던 시기에 《개벽》의 편집고문으로 있었다는 얘기인가요?

둘째, 차상찬은 《개벽》의 창간부터 복간까지 주요 필자이자 정경부 주임, 편집국장, 주간, 발행인, 편집 고문 등을 맡아 잡지 발행을 주도했다는 내용이 있습니다. 직함이 요즘과 다른 것 같습니다. 직함에 대한 설명이 필요하고, 이러한 직함을 순차적으로 맡았는지 또는 중임을 했는지도 궁금합니다. 이상 간단하게 토론 마치겠습니다.

박원경(좌장) 윤세민 교수님께서 토론자의 두 가지 질문에 대해서 간단하게 답변해주시겠습니까.

윤세민 토론 감사합니다. 첫 번째 질문의 답변은 차상찬만큼 《개벽》을 아끼고 실제적인 편집인이요 발행인이요 고문으로 있었던 분이 없습니다. 그래서 같은 호칭으로 불렀고요. 일제가 《개벽》지를 폐간시키고 차상찬이라는 인물을 주저앉혔습니다. 그러나 차상찬은 도저히 주저앉지 않고 서 있던 분입니다. 그렇기 때문에 역사적으로나 후세인들이 그 같은 호칭으로 부르는 것이 당연하다고 생각합니다. 또 조사를 해보니까, 1934년에 9년 만에 복간을 다시 했을 때 춘천에 있던 땅을 다 팔았습니다. 심지어 가회동의 집을 은행에 저당 잡아서 빚을 내서 복간했습니다. 그러나 당시가 경제적으로나 민족적으로 일제강점기 중에 가장 어려운 시절이어서, 경영난으로 힘들었지만 계속 그 마음을 간직하고 있지 않았나 싶습니다.

　두 번째 질문의 답변은, 편집국 내 당시 개벽사는 종합시사문예월간지로서 정경부(정치·경제·시사를 맡았던 부서) 조사부, 사회부, 학예부 등이 있었는데 첫 번째로 정경부 주임을 맡았기 때문에 이것이 실제적인 직함이고요. 이후 순차적으로 편집국장, 주간, 발행인, 편집고문 등을 맡아왔습니다. 현대적인 오늘날의 직함하고도 연결될 겁니다. 기자로 시작해서 순차적으로 맡아왔으며, 물론 중임했고, 《개벽》이 폐간된 이후에도 다른 잡지의 기자, 필자, 편집·발행인으로 활동했다고 보시면 됩니다.

박원경(좌장)　다음은 동원대 명예교수이자 출판연구회 회장이신 부길만 교수님께서 토론해주시겠습니다.

부길만　2년 전에 저도 김미정 회장님과 같이 〈데미안책방〉에 대한 자료들을 봤습니다.《개벽》이라든가 개화기 때 잡지들을 많이 연구하면 좋겠다고 더러 권하기도 했는데, 본격적으로 하는 사람은 아직 안 나온 것 같더라고요. 앞으로 본격적으로 하면 좋을 것 같습니다. 김정숙 교수님이랑 윤세민 교수님의 발제문을 보면서 대단하다고 생각됩니다. 그 인물이 주로 잡지인, 언론인, 역사학자, 민속학자 또 문필가, 시인, 수필가 이렇게 거론이 되는데 그 외에 하나가 더 있더라고요. 1918년부터 1920년까지 보성전문학교의 교수였습니다. 시대가 좋았다면 계속 교육자로 남을 분이 아니었을까 하는 생각도 드는데요, 그러다가 《개벽》 창간동인으로 참여하게 되면서 교육자로서의 역할은 끝이 나고 커다란 활동을 한 다양한 인물이었다고 할 수 있습니다. 그렇다면 앞으로 차상찬 연구를 어떻게 할 것인가, 제가 제안 세 가지를 생각해봤습니다.

윤세민 교수님의 논문 주제는 〈잡지인 차상찬 인물 연구〉인데, 그동안 잡지인에 관한 조사연구가 매우 빈약한 상황에서 그 연구 의의가 크다고 할 수 있습니다. 발제자가 지적한 대로, "차상찬은 그가 남긴 뛰어난 업적에 비해 제대로 알려지지도 또 제대로 평가받지 못한 것이 사실입니다. 차상찬은 그가 활동했던 제 분야에서의 상당한 업적에도 불구하고, 그 동안 그에 대한 학계를 비롯한 후세의 관심 부족 탓에 제대로 평가를 받지 못하고 있다."

이러한 문제의식에서 써진 이 논문은 차상찬의 생애를 전기적 사실의 규명을 통해 확인하면서, 차상찬이라는 인물을 새롭게 해석해내고 있습니다.

차상찬은 한국 잡지언론의 선구자일 뿐만 아니라, 독창적 사유를 지닌 역사학자요, 민족문화를 발굴한 민속학자요, 많은 작품을 남긴 시인이며 수필가요, 보성전문학교 교수를 역임한 교육자였습니다. 이 논문에서는 이러한 차상찬의 다양한 면모와 업적이 그의 따뜻한 인간애와 함께 잘 정리되어 있습니다. 이 연구를 계기로 우리 출판학계에서도 잡지인으로서의 차상찬 인물 연구를 활성화해야 할 것입니다.

차상찬은 국가적 위기가 최고조에 달했던 시기에 태어나 성장기를 보냈고, 청년기 이후 나라가 없어진 시기에 저술과 언론활동을 통하여 국권을 회복하고자 평생을 바친 인물입니다. 말하자면 무기가 아니라 글과 출판으로 나라를 찾고자 했던 것입니다. 그의 정신과 사상은 출판물로 남아 있어 지금도 우리에게 중요한 메시지를 남겨주고 있습니다.

향후 연구 과제를 다음 세 가지로 정리하고자 합니다.

첫째, 차상찬이 남긴 저술에 대한 내용분석이 본격적으로 이루어져야 합니다. 이를 위한 연구방법론은 이 논문의 '결론'에서 제시되고 있습니다. 이것은 개인 연구보다는 공동 프로젝트의 연구방식으로 이루어져야 할 것입니다. 이를 토대로 그의 사상의 진면목을 밝히고, 현대 우리 사회에 전하는 메시지를 알려야 합니다.

둘째, 같은 시기에 함께 활동하기도 했던 잡지인 방정환, 잡지와 출판을 통하여 개화기 국민계몽에 앞장섰던 최남선 등과의 비교 연구가 필요할 것입니다. 방정환, 최남선에 대한 연구는 상당 부분 진척된 상황이기 때문에, 차상찬에 대해서 본격적인 연구가 진행될 경우 같은 시기, 같은 민족운동가요, 잡지인으로서의 비교 연구도 용이해질 것입니다.

사람들이 방정환을 잡지인이라고 생각 안 하는데, 방정환이 어린이 운동을 할 수 있었던 것은《어린이》라는 잡지를 냈기 때문입니다. 잡지를 내지 않았다면 어린이 운동의 구체적인 맥락도 잡히지 않고 실제적인 효과도 없었을 것입니다. 방정환과 같이《어린이》잡지를 발행한 사람이 차상찬이었습니다. 방정환의 경우는 차상찬과 함께 잡지《어린이》를 운영했음에도 잡지인으로서보다는 어린이 문화운동의 선구자로 알려져 있고 그 방향으로 많은 연구가 쌓여 있습니다.

현재는 방정환연구소가 설립되어 본격적인 연구를 할 수 있는 기반도 준비되어 있는 상황입니다. 이에 비하여 차상찬은 일반인들에게 잘 알려져 있지도 않은 실정이며 학계에서의 연구도 빈약한 실정입니다. 출판학계가 이제라도 적극 나서야 할 것이다.

셋째, 춘천 지역을 기반으로 한 연구가 활발하게 일어나야 할 것입니다. 차상찬은 춘천 출신으로 고향을 각별히 사랑한 인물입니다. 춘천의 문인 김유정도 차상찬이 발행한 잡지 〈개벽〉을 통해 등장한 인물입니다. 〈개벽〉은 김유정 외에도 염상섭, 김동인, 김소월, 이상화 등등 당대 최고의 문인들을 등용·배출한 잡지입니다. 이 잡지의 발행인이며, 그 자신이 문필가이기도 한 차상찬을 춘천의 브랜드로 부각시킬 필요가 있습니다. 이러한 작업에 지역사회 지식인과 차상찬 발제자들이 힘을 합친다면 시너지 효과를 낼 수 있을 것입니다. 현재 한국출판학회에 지역출판연구회가 수년 전 발족되어 다양한 연구사업을 전개하고 있고, 전국 지역 출판인 및 잡지인들의 모임인 한국지역출판연대도 본격적으로 활동하고 있으니, 이들과의 협력 속에서 보다 심도 있는 연구가 진행될 수 있을 것으로 기대합니다.

박원경(좌장) 지역 지자체 덕분에 〈데미안책방〉, 차상찬기념관 같은 좋은 공간도 생기고 심도 있는 연구도 많이 열리고 있는데, 부길만 교수님이 그에 대한 정보를 많이 알고 계셔서 실제적으로 도움이 되는 제안인 것 같습니다. 다음은 한주리 서일대미디어출판학과 교수님께서 토론해주시겠습니다.

한주리　　안녕하십니까. 저도 이번 범우포럼을 통해 차상찬이라는 인물에 대해서 알게 되었고요. 제가 토론을 맡은 윤세민 교수님 발제문을 읽으면서 이러한 인물이 있었기에 지금의 우리나라가 있구나 하는 생각까지 하게 되었습니다. 그럼 토론 시작하겠습니다.

　상기 발제문은 일제강점기의 대표적 잡지인이요 문필가요 민속학자로서의 차상찬의 생애를 전기적 사실의 규명을 통해 확인하면서, 인물 차상찬을 새롭게 발견하고 해석하고자 하는 목적으로 연구되었습니다. 이를 위해 다양한 선행 논문과 도서, 잡지를 다양하게 살펴보았으며 이를 통해 차상찬을 다각도로 해석하였습니다. 구체적으로 발제자는 천도교인으로서의 차상찬, 언론인과 잡지인으로서의 차상찬, 명문필가로서의 차상찬, 역사학자이자 민속학자로서의 차상찬, 특별히 어린이와 여성을 사랑했던 차상찬, 고향과 사람과 술을 좋아했던 따뜻한 인간 차상찬 등에 대해서 조사하였고, 어느 한 분야의 업적이나 인물로 국한할 수 없는 한없는 넓이와 깊이를 가진 인물이라는 결론에 이르렀습니다.

　상기 발제문을 통해 발제자가 일제강점기에 잡지《개벽》을 중심으로 애국 운동과 민중 계몽을 주도한 언론인, 잡지인, 출판인이자 시인이며, 수필가이고 역사학자인 동시에 민속학자인 차상찬이라는 인물에 대해 종합적으로 파악할 수 있도록 기여한 데에 큰 의미가 있다고 할 수 있습니다.

발제자의 논문을 보면서, 왜 차상찬이라는 인물에 대한 성과 및 평가가 부진한지에 대해 궁금증을 갖게 되었고 이는 발제자도 언급하였듯이 차상찬이 수십 개의 필명을 사용하였다는 데에 기인함을 알게 되었습니다.

차상찬(1887~1946)은 일제강점기 잡지계를 대표하는 인물입니다.[1] 그의 활동 무대는 개벽사였습니다. 개벽사는 1920년 6월《개벽》을 창간한 이래 1935년 3월《어린이》가 종간되기까지 15년 동안 줄곧 잡지를 발행하면서 근대 잡지사에 큰 획을 남긴 잡지입니다. 차상찬은 개벽사의 정경부 주임, 편집국장, 발행인, 주간 등을 맡으며 잡지 발행을 주도한 핵심적인 인물 중 하나입니다. 그는《별건곤》,《혜성》,《신경제》창간을 이끌었고,《별건곤》,《혜성》,《제일선》,《신여성》,《어린이》의 편집 겸 발행인을 맡았으며, 주요 필자로도 활동하였습니다. 또한 그는 개벽사 잡지뿐만 아니라《조광》,《중앙》,《춘추》,《삼천리》,《야담》등 여러 매체에 수백 편의 글을 발표하였습니다.

차상찬 연구를 더디게 하는 문제 중에 하나는 그가 수

---

1) 최덕교 편 (2005).『한국잡지백년 2』, 서울: 현암사, 24쪽.

십 개의 필명을 사용하였다는 점입니다. 발제자도 언급했듯이, 이는 한국문학사에서 무척 독특한 예이며, 필명 최다로 기록되는 경우입니다. 정현숙(2018)[2]은 차상찬을 파악함에 있어서 필명 확인을 중요한 요소로 삼아 집중적으로 연구하였습니다. 차상찬은 다양한 필명뿐만 아니라 '일기자' 또는 무기명으로 쓴 글도 적지 않기 때문에 그에 대한 성과 및 평가에 대한 논의가 어려운 게 사실입니다. 필명도 확인하기 어려운데 익명으로 숨어 있는 글을 찾아내기란 결코 쉬운 일이 아닙니다. 따라서, 차상찬 연구를 위해서 무엇보다 먼저 해결해야 할 과제는 그의 필명을 정확하게 가려내는 작업입니다.

차상찬은 누구이고, 어떤 글이 차상찬이 쓴 것인가에 대한 1차적인 조사와 확인은 차상찬 연구의 출발이고 기초 작업입니다. 지금까지 언급된 차상찬의 필명은 지인들의 회고에 의존하고 있기 때문에 보다 정확하고 구체적인 검증이 필요한 실정입니다. 또한 최근 그동안 방정환의 필명으로 알려진 '삼산인(三山人)', '쌍S'가 차상찬의 필명이라는 주장이 제기되고, 이에 대한 반론이 전개되면서 필명에 대한 논의가 쟁점으로 떠오르고 있습니다. 따라서 필명 확인은 차상찬뿐만 아니라 동시대의 다른 작가들의

---

[2] 정현숙 (2018). 「차상찬 연구」, 『근대서지』 제17호, 443-467쪽.

연구를 위해서도 중요한 문제입니다.

많은 연구자들이 차상찬의 필명에 대해 다방면으로 연구[3]하였고, 이를 총망라한 가장 최근의 연구가 정현숙(2018)에 의해 진행되었습니다. 〈차상찬 연구〉(정현숙, 2018)에서 필명을 표로 정리하면 다음과 같습니다.

〈표〉 차상찬의 필명

번호	필명	특징
1	청오(靑吾)	차상찬 자신이 지은 호(號)로, 청년과 청색을 좋아하는 자신의 뜻
2	수춘산인(壽春山人)	《조광》 2권 3호(1936. 3.)부터 2권 8호(1936. 8.)까지 연재했던 〈조선성씨연원고(朝鮮姓氏淵源考)〉가 조선 백화집에 필명 그대로 여러 편 수록
3	취운생(翠雲生)	《조선농민》 제4권 제6·7·8 합병호(1928. 11.)에 실린 〈추수기를 임하야 특히 타파할 농촌의 미신〉은 필자를 취운생 차상찬이라고 밝힘

---

3) 박길수 (2012), 「차상찬 평전」, 『모시는 사람들』.
　성주현 (2000), 「신인간지와 필자, 그리고 필명」, 『신인간』 600호, 2000년 8월, 70-75.
　이광순 (1969), 「《개벽》지와 '팬 네임'—이중필명과 익명의 경우에 대하여」, 『신인간』 제270호, 1969.11.12 합병호, 82-83.

번호	필명	특징
4	취운(翠雲)	《별건곤》 제14호(1928. 7.)에 실린 〈참외로맨스〉를 보면, 목차 필명은 취운(구름)이고, 본문의 필명은 청오
5	관상자(觀相者)	《혜성》 2권 4호(1932. 4.) 관상쟁이가 차상찬의 별명 중 하나임을 밝힘
6	사외사인(史外史人)	《조선 백화집》, 《조광》(2권 3호, 1936. 2.), (2권 4호, 1936. 4.) 등에 실린 글
7	차천자(車賤者)	《동광》 24호(1931. 8.)
8	풍류랑(風流郎)	《별건곤》에 여러 편의 글을 발표.
9	고고생(考古生)	《별건곤》 12·13호(1928.5), 23호(1929. 9.)
10	문내한(門內漢)	《별건곤》 4권 6호, 통23호(1929. 9.) 경성특집호로, 이 호에 차상찬은 서로 다른 필명으로 7편에 이르는 글을 싣고 있음
11	첨구생(尖口生)	《개벽》 52호(1924. 10.)부터 71호(1926. 7.)에 실린 6편의 글 중 4편을 첨구생이라는 필명으로 발표
12	성동학인(城東學人)	《개벽》 제70호(1926. 6.)
13	삼각산인(三角山人)	《개벽》 제70호(1926. 6.) 차상찬, 차천자, 삼각산인이라는 필명으로 조선 오백 년 역사에 대해 쓴 글이 모두 차상찬의 글
14	계산인(桂山人)	《별건곤》, 19호(1929. 2. 1.)
15	향로봉인(香盧峰人)	《개벽》 제46호(1924. 4.)
16	방청생(傍聽生)	《별건곤》 30호(1930. 7.)
17	C. S. C생	《개벽》 제36호(1923. 6.)
18	상찬(相瓚)	《개벽》 제50호(1924. 8.)
19	차돌이	《별건곤》 26호(1930. 2.)

번호	필명	특징
20	차청오(車靑吾)	청오(靑吾)는 차상찬의 대표적인 필명으로, 그의 필명에는 성 '차(車)' 또는 '생(生)' '인(人)' '자(者, 子)' 등을 덧붙인 형태가 많음
21	청오생(靑吾生)	청오(吳)에서 파생된 필명
22	충청생(虫靑生)	《별건곤》 22호(1929. 8.)
23	송작(松雀)	차상찬 스스로 지은 호로 매일 아침 송엽을 먹는 습관에서 비롯됨.《별건곤》14호(1928. 7.)
24	송작생(松雀生)	송작에서 파생된 필명.《별건곤》23호(1929. 9.),《혜성》1호(1931. 3.)
25	반송작(盤松雀)	별명으로 언급.《별건곤》1호(1926. 11.),《별건곤》18호(1929. 1.)
26	수춘학인(壽春學人)	수춘산인 유사 필명.《별건곤》14호(1928. 7.),《별건곤》15호(1928. 8.)
27	수춘인(壽春人)	수춘산인 유사 필명.《개벽》신간3호(1935. 1.)에 실린 글의 목차 필명은 수춘인이고, 본문 필명은 수춘산인임.《별건곤》53호(1932. 7.),《별건곤》70호(1934. 2.)
28	소양학인(昭陽學人)	《개벽》72호(1926. 8.), 수춘만평(漫評)에서 소양학인이라는 필명으로 자신의 고향인 춘천의 근황을 전함.
29	청춘산인(靑春山人)	수춘산인 유사 필명.《별건곤》, 65호(1933. 7.)에 실린 글의 목차 필명은 청춘산인이고, 본문 필명은 수춘산인임.
30	춘산인(春山人)	수춘산인 유사 필명.《혜성》, 2권 2호(1932. 4.)에 실린 〈햇쌈(炬火歌)〉의 목차 필명은 수춘산인이고, 본문 필명은 춘산인임.

번호	필명	특징
31	취운정인(翠雲亭人)	취운, 취운생 유사 필명.《별건곤》11호 (1928. 2.)
32	차천자(車天子)	한자가 다른 차전자라는 필명을 여러 개 사용함.《별건곤》11호(1928. 2.). 차천자(車賤者), 차천자(此賤子), 차전자(車賤子) 등 "내가 어든 신칭호…… 지방마다 말이 다르닛가 칭호가 각각이다. 압다 마음대로들 불너라, 나는 장난으로 자칭 車天子라고 하여 보왓다."
33	문외한(門外漢)	문내한 유사 필명.《조선 백화집》에는 필명을 지우기나 필명이 없는 글도 여러 편 실려 있음. 이를 통해 필명을 알 수 있는데, 문외한이 그 중 하나임.《별건곤》65호 (1933. 7.)
34	첨구자(尖口子)	첨구생 유사 필명.《개벽》52호(1924. 10.)에 실린 글의 목차 필명은 첨구자이고, 본문 필명은 첨구생임.
35	향로산인(香爐山人)	향로봉인 유사 필명.《별건곤》2호(1926. 12.)
36	일천생(一天生)	관상자와 동일한 필자임.《별건곤》4호 (1927. 2.)
37	낙천생(樂天生)	첨구생과 동일한 필자임.《별건곤》72호 (1934. 4.)
38	삼신산인(三神山人)	《별건곤》12호(1928. 5.)
39	청구학인(青邱學人)	《조선백화집》에 청구학인으로 연재한〈역대명의열전(歷代名醫列傳)〉
40	창해학인(滄海學人)	창해학인으로 연재한《조선역사전(朝鮮力士傳)》도 필명 그대로 수록.

번호	필명	특징
41	단발영인(斷髮嶺人)	《조선 백화집》에 흥미로운 필명으로 발표한 글들이 필명 그대로 수록. 당시는 필진을 구성할 수 없어 신문 잡지의 편집자들은 일인삼역으로 한 사람이 몇 편씩 글을 써넣어야 하는 고역을 치른 끝에 신문 잡지들이 나오게 되어, 자연 필명이라는 것이 임기응변으로 지어서져 기괴한 '팬네임'이 생김. 단발에 대한 글의 필명
42	기병생(忌病生)	상동, 질병에 대한 글의 필명
43	저팔계(猪八戒)	상동, 돼지에 대한 필명
44	일주생(一舟生)	상동, 폭포에 대한 필명
45	호기생(好奇生)	상동, 신기한 이야기에 대한 필명
46	차 특파원(特派員)	《개벽》54호(1924. 12.). '조선문화기본조사'를 다녀와서 개벽에 보고서를 발표할 때 차 특파원이라는 필명을 자주 사용함
47	일기자(一記者) 또는 무기명	《개벽》과 《별건곤》 등에 일기자 또는 무기명으로 발표된 글이 수백 편에 이름. 《개벽》68호(1926. 4.)
48	차(車)	개벽사 잡지의 사고(社告), 편집후기, 편집낙서 등에 쓴 이름.
49	청(靑) 등	상동

출처 : 정현숙(2018), 〈차상찬 연구〉, 《근대서지》 제17호, 443~467쪽의 내용을 〈표〉로 재구성

차상찬의 필명 및 특징

이처럼 46건의 필명을 확인할 수 있으며, 이 외에도 일기자(一記者) 또는 무기명으로 쓰인 글도 수백 편에 이르고

있습니다. 또한, 개벽사 잡지의 사고(社告), 편집 후기, 편집 낙서 등에 쓴 이름으로 차(車), 청(靑)등이 있는데, 이 또한 차상찬을 칭합니다. 당시는 필진을 구성할 수 없어 신문 잡지의 편집자들은 일인삼역으로 한 사람이 몇 편씩 글을 써넣어야 하는 고역을 치른 끝에 신문 잡지들이 나오게 되었으며, 혼자서 여러 잡지에 글을 쓰고, 일제의 검열을 피하다 보니 많은 필명이 필요하였을 것으로 보입니다. 또한, 필요시 필명이라는 것이 임기응변으로 지어져서 단발영인(斷髮嶺人), 기병생(忌病生), 저팔계(猪八戒), 일주생(一舟生), 호기생(好奇生) 등과 같이 특이한 '팬네임'이 생기기도 하였습니다.

위에서 파악한 필명 리스트가 차상찬의 필명을 모두 최종적으로 확정한 것은 아니라는 사실이며, 아직도 확인해야 할 필명이 더 많이 남아 있는 데서 차상찬 연구의 필명 확인은 차상찬뿐만 아니라 동시대의 다른 작가들의 연구를 위해서도 중요한 문제임을 다시 한 번 확인할 수 있었습니다.

박원경(좌장) 이렇게 구체적으로 조사하고 기재해주셔서 더 의미 있는 것 같습니다. 그런데 '실명'과 '이명'으로 표기하면, 이명은 필명도 되고 호도 되고 자도 되고 가명도 되는 것이죠. 그런데 토론문을 보니까 멀티플레이어 차상찬 선생님은 일인다역을 하기 위해서 여러 가지 이름을 써서 독자가 볼 때는 여러 사람의 필진이 있는 것처럼, 이런 식으로 뭉뚱그려져도 되는지 궁금증이 들긴 합니다. 1부와 2부 발제에 대한 토론을 지정토론자 6분이 발표자 수준으로 준비해서 발표와 질문해주셨습니다.

오늘 세미나에는 발표자와 지정토론자 외에도 범우포럼 회원 여러분이 참석해주셨습니다. 발제와 지정토론을 마쳤으니 종합토론이라고 생각하고 세미나에 참석하신 분들께서 토론해주셨으면 합니다. 윤용철 대표님부터 말씀해주시죠.

종합토론

윤용철   질문은 아니고 제 생각을 말씀드리고 싶은데요. 차상찬 선생님이 이렇게 주목받지 못한 것이 두 가지 이유가 있지 않을까 싶습니다. 첫째는 그때나 지금이나 문화적 인식의 한계와 현상이 아닐까요. 사실 대중들은 마당을 준비한 사람에게는 관심이 없습니다. 그 마당에서 어떤 사람이 주연 역할을 하고 있는지에 관심이 있지. 그런 관점에서 차상찬 선생님은 관심의 그늘에 있지 않았나 하는 생각이 들고요.

두 번째는 차상찬 선생님이 그 시대에 중요한 마당을 제시했지만 어떻게 보면 스스로 한 분야의 일가를 이루기보다 잡학적 지식인이 아니었을까. 그래서 그 시대나 지금이나 정당한 평가를 받지 못하는 것 아닌가 하는 생각도 듭니다. 언론·종교·문화·역사 다양한 분야에서 활동하고 다양한 필명으로 많은 글을 남겼지만 오히려 그런 점이 그분의 업적을 가리는 역할을 하지 않았을까 하는 생각도 듭니다.

조일래 저는 차상찬 연구 세미나를 하면서 우리가 지금까지 알려지지 않은 분을 좀더 깊이 있게 다루고 발굴하기 위해서 이런 세미나를 했다면 그 끝은 어떻게 해야 될 것인가. 이런 분이 있었고 제대로 평가되지 않고 알려지지 않았다는 사실만 확인하고 끝낼 것인가, 재단이나 포럼에서 세미나한 결과를 가지고 한 걸음 나아가는 역할을 할 것인가 하는 부분에 대한 이야기도 나눠야 되는 것 아닌가 하는 생각이 듭니다. 이상입니다.

이두영 저는 오늘 이 자리가 중요하다고 생각합니다. 우리가 지금까지 출판 학술에 관한 세미나를 많이 해오지 않았습니까. 그런 가운데에서도 특정 잡지인이나 편집인을 포함해서 출판인에 대해 집중적으로 논의한 것은 오늘이 처음이 아닌가 하는 생각을 합니다. 이 자리가 상당히 의미가 깊은 자리라고 생각하고 있고요.

그렇다고 하면 우리가 출판·잡지·편집인 등 관련 분야에 대해서 논의할 적에 연구 방향이랄지, 특정인물에 대해 어떻게 평가하는가에 있어서 측정할 수 있는 도구로서 자아가 필요한 게 아닌가 하는 생각을 평소에 많이 해왔습니다. 제 나름대로 출판인 연구에 대해 관심을 갖고 관련된 자료를 수집해오는 과정에서 또 의문을 품고 있는 것이 그분을 어떻게 평가해야 옳은 것인가, 측정할 수 있는 도구가 필요한 게 아닌가, 그런 기준이 무엇인가 하는 것도 오늘 세미나를 빌려 다 같이 의논해볼 수 있는 자리가 되었으면 좋겠습니다.

그동안 특정 인물 연구 분야에 대해 제 나름대로 어떤 관점을 가지고 생각해왔고, 세 가지 관점으로 〈잡지인 차상찬 연구〉 주제를 생각하면서 몇 가지 의문이 들었습니다. 또 여러분들이 하는 말씀을 들으면서 제가 미처 생각하지 못했던 새로운 의문점과 착안점을 깨닫고 새로운 과제를 하나 안고 갈 수 있다는 것을 오늘의 보람으로 느끼고 있습니다.

그 평가기준의 첫째로서는 우리가 존경하는 출판인 또는 높이 평가해야 될 만한 인물을 연구할 때 중요한 것이 그분의 출판철학이나 출판관이 표출되고 구체적으로 나타나야 되지 않나 생각하고 우리가 그것을 살펴볼 필요가 있다고 생각합니다.

지금 많은 분들이 청오 차상찬 선생님에 대해서 여러 방면으로 설명해주셨는데, 저는 그분의 글을 많이 읽지는 못했지만 글의 제목을 보면서 느끼는 것이 출판이나 잡지에 대한 의견을 표출한 글은 한 편도 보지 못했습니다. 단 한마디도 출판철학에 대한 생각이 드러나는 글도 발견하지 못했어요. 오히려 조선신문발달사를 통해 신문에 대해서는 의견을 발표하시기는 했지만. 발제자와 토론자 분들도 간간히 설명해주셨지만 언론인으로서 언론활동을 한 면들이 나타납니다.

또 김정숙 교수님께서 차상찬 선생님이 조선잡지협회 창립에 관여했다고 말씀하셨는데, 그 후에 조선잡지협회에서 어떤 위치로 어떤 활동을 해왔는지 전혀 나타나지 않거든요.

과연 〈잡지인 차상찬 연구〉라고 했을 때 청오 차상찬이라는 분을 우리가 어떻게 평가해야 될 것인가. 평가기준의 하나로서 구체적으로 표출되는 출판철학, 출판관이 필요하지 않나 싶은 생각을 했습니다. 그리고 말이 조금 길어지지만 더 말씀드리겠습니다.

두 번째 평가기준으로서 생각해볼 수 있는 것은 비즈니스 활동으로써의 역할과 활동내용이라고 볼 수 있을 것 같습니다. 《개벽》이나 《별건곤》 《신여성》을 낼 적에 경쟁지, 특히 《개벽》지와 연관지어 봤을 때 하나의 정론지로서 그 당시 경쟁지가 《조광》 《신동아》 《동광》 《조선지광》 등 언론사에서 내는 잡지들이었습니다.

상당히 많은 발행부수였음에도 불구하고 경쟁하는 가운데 1935년에 속간된 《개벽》이 폐간됐는데, 1935년이라고 하면 출판이나 문학사에 있어서 상당히 중요한 시기였습니다. 당시 출판사들이 장편소설을 경쟁적으로 출판하고 이럴 때인데 그때 《개벽》이나 《별건곤》이 폐간될 수밖에 없었던 상황, 경쟁에서 밀렸던 이유가 무엇인가.

제가 본 기록 중에는 《신동아》를 내는 동아일보와 지사 지국 경쟁에서 대형 언론사가 압력을 넣어서 자기네 것만 팔게 하다 보니 결국 밀려나서 폐간할 수밖에 없었다는 문제의 글을 읽은 일이 있는데요. 과연 그 당시에 《개벽》의 발행부수라든가 대중적인 영향력으로 봤을 때 그렇게 손쉽게 밀려난 요인이 무엇일까.

제가 따로 조사해본 것에 의하면 가령 1920년 《개벽》을 창간했을 때 우리나라 전국에 있는 서점이 99개였습니다. 단편적인 것이 아니라 공식적으로 조선서점협회에서 발행한 회원명부에 나와 있는 숫자가 99개사입니다. 1935년경 340개 정도의 전국 서점이 있었거든요. 서점이 많았음에도 불구하고 왜 그렇게 밀려났는가 하는 것이 상당히 궁금하고요. 그런 측면에서 비즈니스 면에서 출판인으로서의 역량이 어떻게 작용을 했는가 하는 것 또한 평가기준으로 삼아야 하지 않을까 하는 의문을 가지고 있습니다.

박원경(좌장) 이두영 선생님 말씀이 너무 중요합니다. 그런데 지금 진행하는 순서를 봐서, 윤세민 교수님 질의응답을 먼저 진행한 뒤에 이어가도록 하겠습니다.

윤세민   이두영 선생님께 먼저 답변드리겠습니다. 인물 집중탐구에 대한 의미와 연구 방향, 방법측정도를 말씀해주셨는데요. 말씀에 동의합니다. 우선 연구대상이 남긴 자료와 문헌 조사, 텍스트 분석을 한 다음 문헌 밖에서 문헌 속 의미를 메타분석하고 어느 정도 기준을 설정한 뒤에 출판철학과 출판관이 평가기준에 맞는가도 대조해볼 필요가 있다고 생각합니다.

그 밖에 《개벽》과 《별건곤》 이후로 경쟁지의 견제를 말씀하셨는데, 제 생각은 그렇습니다. 《개벽》의 창간은 개벽천지 천동할 만한 아주 역사적인 사실입니다. 센세이션이 일었고 당시 잡지로서는 선전효과도 컸습니다. 그렇지만 일제의 관점에서 봤을 땐 원죄에 가깝죠. 자기네들이 개혁과 개벽을 할 건데, 《개벽》지가 천도교 사상에 입각한 개벽을 이야기 하니까 원초적으로 미움받을 수밖에 없었을 겁니다. 그렇기 때문에 일제 당국의 보이는 또 보이지 않는 압박과 견제가 심하지 않았을까 생각하고요.

언론사에서 발행하는 잡지들은 은연중에 비즈니스적인 접근을 좀더 세련되고 자본적인 투자도 더 많았죠. 반면 《개벽》은 천도교에서 후원을 했지만 일제의 미움을 받고 천도교단이 약화되면서 사세가 기울지 않았나. 비즈니스적인 측면에서도 언론사에 투자된 자본에 밀려나면서 초창기에 선점했던 《개벽》이 스러져가지 않았나 생각합니다.

그리고 조일래 감사님이 말씀하신 세미나가 의미 있었지만 후속작업으로 무엇을 할 것인가 하는 말씀에 대해서 동감하고요. 다행히 강원도 춘천시에서 차상찬이라는 인물에 대해 새롭게 조명하고 브랜드화 하려는 시도를 하고 있습니다. 범우포럼이 이번 세미나 결과를 강원도청, 춘천시, 한림대 등에 알리고 후속연구에도 적극적으로 참여해야 하지 않나 생각합니다.

그리고 윤용철 대표님과 한주리 교수님께서 필명에 대해 말씀하신 부분을 같이 답변 드리자면, 발제할 때 필명이 많았던 의의에 대해서 말씀드렸지만 출판사나 문학사에서 굉장히 독특한 일이죠. 저는 이유가 세 가지라고 생각합니다. 첫째로 당시 《개벽》지에 기자들이 적었어요. 적은 인력으로 많은 기사를 쓰다보니까 한 기자가 너무 많은 기사를 쓰는 것보다 많은 기자가 작성했다는 효과를 위해서 필명을 썼을 거라는 생각이 듭니다. 두 번째로는 차상찬 개인으로 보더라도 필명이 순간적으로 만들어진 것도 있겠지만, 잡지의 성격이나 글의 내용에 어울리는 필명을 사용했어요. 잠깐 언급했지만 차상찬 선생님의 문장이 기지와 재치가 넘치거든요. 그래서 필명을 지을 때도 그런 기지와 재치를 고안하지 않았나 생각됩니다. 세 번째는 일제 검열을 피하기 위해서였다고 보여요. 차상찬의 이름으로 일제에 항거하는 10편의 글을 쓰는 것 보다는, 아무래도 좀 완화되고 피해갈 수 있는 요소가 생기겠죠. 그러면서도 일제에 대해 풍자적으로 비평한 글이 많거든요. 기지와 재치를 넘어서 일제에 대한 기개를 보인 것이 아닐까 생각합니다.

필명에 대해서는 결론적으로 앞으로 향후 연구를 객관적이고 과학적으로 하기 위해서는 차상찬 관한 원문이 실제인가 아닌가, 사실인가 아닌가 원문과 자료를 확인하는 작업을 거쳐 검증해야 하지 않을까 생각합니다.

또 부길만 교수님께서 좋은 토론을 해주셨는데요. 내용 연구를 잘해야 한다는 말씀 동의하고요. 그리고 방정환과 최남선과 같이 인물 비교연구를 말씀하셨어요. 저도 비교연구를 해보니까 차상찬 선생님이 출판·잡지인으로서 방정환과 최남선을 뛰어넘는 분이시더라고요. 오히려 차상찬 선생님이 방정환으로 하여금 공부를 계속하도록 격려하고 키워준 인물이 아닌가 하는 생각이 듭니다. 지역연구로써 춘천에서 차상찬이라는 인물을 브랜드 인물화 해야 하지 않느냐는 말씀에 동감합니다.

먼저 김유정을 브랜드화 하고 그다음에 최근 이외수 작가를 가시화했는데, 차상찬 선생님의 업적이 더욱 빛나지 않나 생각합니다. 그리고 춘천 치읓과 청오의 치읓 첫 자음이 같아서 같이 브랜드화 하기에도 알맞지 않은가 생각합니다.

　그리고 윤형두 이사장님이 축사에서 이런 말씀을 하셨어요. 사람의 가장 큰 성공은 인간이다. 그 인물, 사람이 차상찬이지 않은가 하는 생각도 듭니다. 그 말씀은 가장 큰 성공은 인간의 진면목 그 자체이고, 인간과 인간의 관계 속에서 나오지 않나 생각합니다. 차상찬이야말로 인간의 진면목을 보이고 인간과 인간의 관계를 잘 한 분 아닌가. 더 나아가서는, 보통 자기가 쓴 글과 언행일치가 안 되는 필자도 많습니다. 차상찬이야말로 본인 스스로 쓴 글에 가장 어울리는 인물이 아닌가, 즉 스스로 쓴 글과 삶이 일치되는 인물이 아닌가 생각합니다.

　이두영 선생님이 하신 말씀에서도 인물을 조명할 때는 역사적 사실에 기초해서 역사적 가치와 중요성을 파악하고 그 사람의 인격적인 면모도 같이 연구해야 되지 않을까 생각합니다.

박원경(좌장)　역시 차상찬은 차상찬이다, 윤세민 교수님의 발표와 깊은 토론으로 논리정연하게 차상찬 선생님에 대한 많은 부분을 접할 수 있었습니다. 너무 감사합니다.

　이두영 선생님 말씀 이어서 해주셔도 좋습니다.

이두영　오늘 여러분들 말씀을 들으면서 지금까지 생각하지 못했던 문제를 발견했는데, 우리가 알기에 일제강점기 때 출판이 두 가지 방면으로 제한을 받지 않았습니까. 하나는 출판법, 또 하나는 신문지법이었습니다. 우리가 일제강점기의 잡지와 잡지인에 대해서 이야기하고 있는데 출판법에 의해서 등록된 잡지와 신문지법에 의해서 등록된 잡지 사이에 큰 차이가 있습니다. 뭐냐면 신문지법에 의해 등록된 잡지는 정치적인 기사를 쓸 수 있는 자격이 부여된 잡지가 됩니다. 그래서《개벽》지에도 정경부가 있었고, 차상찬 선생님이 정경부에서 활동했다고 하는데 정경부가 정치기사를 작성하는 가장 핵심적인 부서라고 생각됩니다. 민족저항적인 논조를 가지고 있는 잡지로서의 성격이 거기서 다 나타난다고 보입니다.

또 차상찬 선생의 활동 중에 검열을 철폐하라고 주장하거나 언론기자 단합대회에 주도적인 역할을 한 것은, 결국 언론인으로서의 활동을 한 것이지 잡지인으로서의 활동은 아니라고 생각합니다. 또 기자 모임 단체 등에서도 활동하신 걸로 알고 있는데 그런 정황으로 봤을 때 신문지법에 의해서 허가를 받은《개벽》지가 우리가 지금까지 흔히 일반적으로 생각하는 단순한 잡지가 아니라, 언론매체로서의 잡지라고 하는 측면에서 언론에 더 가까운 역할과 입장이 있었던 것 아닌가 하는 생각을 하고 있습니다. 앞으로 그 방면의 자료를 더 조사해봐야겠다는 생각이 듭니다. 이 부분에 대해서 발제자나 토론자가 답변을 해주셨으면 합니다.

박원경(좌장)　　제가 한 가지 정리를 하고 싶은데요. 단행본과 정기간행물이 있지 않습니까. 정기간행물은 일정 기간을 두고 발행합니다. 그럼 두 가지, 하나는 잡지고 또 하나는 신문입니다. 신문은 신문지법에 의해 등록된 것이 신문이고 《개벽》은 잡지로 분명하게 구분이 되어 있습니다. 우리가 출판인 발행인 편집인 등 여러 가지 용어를 쓰지만 신문 쪽에서는 언론인이라는 용어를 쭉 써오지 않았습니까. 그래서 용어에 대해서 정리를 하자면, 우리가 출판학회를 만든 지 50주년이 됐습니다. 그전에는 출판이 어떤 기능을 해왔는지 모르는데 50주년 되니까 출판인의 중요성이 부각된다고 생각합니다. 저는 도서관학을 전공했음에도 그전에는 출판인을 주목하지 않았습니다. 출판학회가 50주년을 맞고 이번 세미나를 통해서, 범우포럼이 그동안 오랫동안 기여하고 출판학과를 만들고 출판포럼을 만들고 이렇게 끌고 온 결과물이라고 생각합니다. 저는 차상찬 선생님을 출판인으로 보고 이끌어 가야 하지 않겠는가, 그렇게 생각합니다.

이두영　　제가 그 점에서 확신을 갖지 못하는 것이 출판법에 의해서 허가를 받은 잡지의 경우에는 일체 정치적인 논조의 기자를 취급할 수 없는 규정이 있거든요.

박원경(좌장)　　김인철 교수님께도 한마디 부탁드리겠습니다.

김인철　　보완하자면, 선생님이 말씀하시는 것 중에 일제강점기의 문화정책에 앞쪽에서는 잡지에 대해서 허가를 받았는데 나중에 무단잡지로 넘어가면서부터는 신문지법에 의해서 허가를 받았다는 점을 말씀하시는 거죠?

이두영 지금 정부에서도 신문지법에 의해서 허가받은 잡지와 출판법에 의해서 허가받은 잡지는 정책면에서 대우가 다릅니다. 제가 지금 관심을 가지고 보고 있는 자료 중에는 당시에 영업세법이 있었는데, 영업세법 상에 신문지법에 의해서 허가된 잡지는 영업세가 면제되고 있습니다. 그런데 출판법에 의해 허가된 출판활동은 영업세를 부담했었고 또 하나 《개벽》사가 많은 잡지를 발행했지만 사실 단행본 출판은 하지 않았거든요. 그것도 그런 배경이 허가받은 제도상의 제한이 있지 않았나 하는 것에 대해서 관심을 가지고 살펴볼 필요가 있다고 생각합니다.

박원경(좌장) 기회가 된다면 연속연구를 하는 것도 좋은 제안인 것 같습니다.

김정숙 김인철 선생님께서 방금 이두영 선생님이 하신 말씀에 대한 답변을 가장 적절하게 해주신 것 같아요. 문화정책이 바뀌면서(1919년 3·1운동 이후 외형적으로는 언론·출판의 자유 허용, 내부적으로는 언론·출판 검열강화 정책) 시사지로서는 최초로 허가를 받아낸 것이 《개벽》지였거든요. 1925년 전조선기자대회 개최를 위한 준비위원으로 차상찬 선생님이 활약을 한 것은, 당시 가졌던 《개벽》지의 위상이 그만큼 컸던 것이었고 한국잡지사에서 당시의 잡지가 가졌던 위력을 반증하는 것과 다름이 없었습니다. 신문과 잡지의 위상이 당시로서는 오늘날과 양상이 달랐던 점을 감안해야 할 것입니다. 그렇다고 해서 차상찬 선생님이 전조선기자대회 활동만 한 것은 아니었습니다. 1929년에는 조선사전편찬회 창립 발기인이었습니다. 이후에는 조선어학회 활동을 하셨고요. 무엇보다, 1931년 서울잡지협회를 창립한 창립위원이었습니다. 이로써 오늘 세미나의 대주제 '잡지인 차상찬 연구'는 합당하고 타당하다 할 것입니다.

이두영 그렇죠. 문제는 그렇기 때문에 잡지로서의 《개벽》과 잡지인 차상찬이라고 하는 개념을 놓고 봤을 때, 우리가 지금 생각하는 잡지인이 아니라 언론인으로서 차상찬이라는 인물을 생각해봐야 하는 것 아닌가 하는 것을 이번 세미나에서 느꼈기 때문에 그것에 대해서는 저도 연구과제로 삼겠다는 생각입니다.

박원경(좌장) 알겠습니다. 마무리 발언 더 해주실 분 계시면 해주십시오.

홍정표 들으면서 좀 궁금했던 건 차상찬 선생님에게 영향을 끼쳤던 주변분들 또 같이 했던 분들에 대한 연구도 추가적으로 해볼 필요가 있지 않을까 하는 생각이 들었습니다.

박원경(좌장) 좋은 말씀이십니다.

권호순 제가 느낀 건 아까 윤용철 대표님께서 하신 말씀 중에, 우리는 마당을 준비하는 사람은 늘 뒷전이었고 그래서 발행인보다는 늘 저자를 기억하는데, 일반 독자들이 저자는 알아도 출판사를 모르고 발행인은 더더욱 모르거든요. 그래서 범우포럼이 앞으로 할 일은 저자 연구가 아니라 출판인 연구가 이루어져야 할 것 같습니다.

박원경(좌장) 범우포럼도 그렇지만, 이번 세미나와 더불어 출판학회 50주년을 맞으면서 드디어 출판인에 대해서 집중토론을 하게 된 것이 너무나 감사하게 생각합니다. 저는 이제부터 시작이라고 생각해서 오늘 이 포럼이 매우 소중하다고 생각합니다. 이것으로 세미나를 마무리하겠습니다. 감사합니다.

세미나 후기

세미나 후기

범우출판포럼 춘천 세미나 이모저모

김정숙(백제예술대 교수)

2019년 6월 14일, 범우출판포럼 제20회 세미나가 춘천에서 열렸다.

춘천을 택한 이유는 이번 세미나 대주제를 〈잡지인 차상찬(車相瓚) 연구〉로 선정했기 때문이다. 잡지인 차상찬은 그의 업적에 비해 그다지 널리 알려지지 않아온 인물인데, 그를 기리는 '차상찬 문고'가 고향인 춘천에 있어서 그곳을 탐방하고 그곳에서 세미나를 개최했던 의의는 매우 컸다.

2019년 6월 14일

오전 8시 30분부터 동작구 사당역 주차장에 리무진 버스가 대기중이었다. 아카데믹한 분위기의 멋진 기사님과 함께. 우리 훌륭한 회원님들은 단 한 분도 늦지 않고 모두 9시

30분 전까지 도착해주셔서 일정대로 춘천행이 시작되었다.

버스 안에서 조식 대용의 찹쌀떡과 커피는 여행의 설렘이 한 스푼 더해져서 달달한 출발점을 찍을 수 있었다. 백만 불짜리 온유한 인상을 지닌 박세영 총무이사의 원활한 마이크 진행으로 버스는 금세 춘천 지역으로 진입하였다.

2시간을 달린 끝에 첫 도착지는 춘천시 근교인 유포리 막국수집, 맛집답게 규모도 크고 대기석까지 갖춘 농가식당이었다. 막국수와 함께 곁들인 메밀전병, 눈이 휘둥그레졌다. '이게 진짜 메밀전병이로구나. 난 그동안 대체 뭘 먹었던 거지?' 싶어서였다.

춘천의 맛을 보고 난 후, 곧이어 세미나장인 '차상찬 문고'에 도착하였다. 차상찬 문고는 춘천시 온의동 춘천로 17번길에 있는 〈데미안책방〉 안에 있었다.

〈데미안책방〉은 춘천시가 자랑하는 대표적 서점이다. 그 유명한 춘천 연옥, 세계적으로 가장 질이 좋다 하는 연옥의 생산처인 옥산가(대일광업) 김현식 대표가 문화사업의 일환으로 설립한 대형 지역서점이다. 기업이 축적한 자본을 시민들을 위한 문화사업으로 풀어낼 줄 아는 경영 마인드가 느껴졌다.

〈데미안책방〉 입구에는 커다란 고릴라 모형이 세워져 있었다. 짐작대로 귀여운 고릴라가 〈데미안책방〉의 로고였다. 얼핏 어린이 고객의 마음을 겨냥한 어린이 독서운동의 의도가 감지되었다. 총 4층으로 이뤄진 서점 안은 과연…… 어린왕자 상에서부터 각종 피규어, 문구류 등을 갖추고 어린아이들로부터 어른들이 책 읽기 좋도록 편의시설을 마련해 두고 있었다.

타이완의 청핀(誠品)서점의 규모보다는 작지만, 내부 시설로 보아서는 그에 못지않은 책 박물관이자 지식 박물관의 공간으로 보였다.

4층 차상찬 문고 공간에는 우리 출판학자들이 그렇게도 보고 싶었던 잡지인 차상찬이 만든 개벽사의 잡지들 그리고 근대화를 선도한 잡지들이 빼곡히 진열, 보존되어 있었다.

오후 2시, 제20회 범우출판포럼 세미나가 시작되었다.

포럼 회장인 필자의 모시는 인사 후에 범우출판문화재단 윤형두 이사장님의 축사가 이어졌다.

윤형두 이사장님께서는 사람을 얻는 일의 중요성을 강조하며 "인간 대 인간의 관계야말로 성공의 의미"라는 귀중한 말씀을 주시고 "모쪼록 이번 학술 세미나와 탐방 기회가 지적 충족의 계기가 되시길 바랍니다"라며 축사를 마쳤다.

〈데미안책방〉의 박래풍 점장의 스피치에는 "춘천에는 광장서적과 춘천문고라는 양대 지역서점이 있었는데, 지금은 2018년 12월 14일 설립한 〈데미안책방〉이 대표서점"이 되었노라며 기념관으로 차상찬 문고를 개설한 의미 있는 지역

서점의 특성을 설명해주었다.

이어서 본격적인 세미나가 대주제〈잡지인 차상찬 연구〉하에 두 주제를 중심으로 전개되었다.

경륜과 재기가 풍부한 박원경 박사님께서 명사회에 임하니 그야말로 심도 깊은 세미나가 원활히 진행되었다.

첫 번째 주제인 '차상찬, 그가 만든 잡지를 중심으로'를 필자가 발제를 했다.

발제를 하는 동안 맨 앞줄에 앉아 계시는 윤형두 이사장님과 강영매 이화여대교수님 내외분을 위시한 참석자들께서 어찌나 진지하게 세미나를 경청해주시던지 베를린 세미나가 절로 떠올려졌다.

베를린자유대학에서 개최했던 세미나는 필자가 처음으로 참석했던 범우출판포럼 국제 세미나였다. 참석자 한 사람 한 사람이 그토록 진지하게 흐트러짐 하나 없이 경청하고 논의를 펼치는 세미나는 처음 겪었던지라 큰 감동으로 기억되는 세미나였다. 그래서 범우출판포럼 세미나는 늘 집중을 해오고 있는 터이기도 하지만……

필자는 발제를 통해 차상찬이 개벽사를 중심으로 펼쳐온 편집·발행인으로서의 업적을 크게 네 가지로 나누어 시대적 콘텍스트와 더불어 설명해나갔다. 발제문을 준비하면서 부수적으로도 재미있는 발견을 했는데, 당시의 개벽사 잡지들이 전국에 크게 영향력을 끼친 데에는 197지사와 114분사를 거점으로 책을 비롯한 생필품 등의 통신판매를 시도했다는 것이었다. 이 점은 오늘날의 온라인 판매의 시원이 된다는 점에서 의미를 부여하고 싶었다.

이어지는 김인철 서강대 교수님과 김미정 한국문화협동조합 이사장님의 질의응답 그리고 객석의 질문을 통해 좀더 심도 깊은 논의를 나눌 수 있었다. 질문 가운데, 특대호와 배대호에 대한 질문은 세미나장에 있는 차상찬 문고의 잡지들을 눈으로 확인할 수 있어서 현장감이 극대화되는 재미도 있었다.

두 번째 주제인 인물로 본 차상찬 연구를 윤세민 경인여대 교수님이 발제를 했다.

"차상찬은 차상찬이다"를 서두로 말미에 "그러므로 차상찬은 차상찬이다"로 마치는 발제가 퍽이나 흥미로웠다. 차상찬은 한 분야로 재단할 수 없으리만큼 한없는 넓이와 깊이를 가진 인물이라서, 잡지인이요 문필가요 역사학자이자 민속학자였다. 동시에 어린이와 여성, 즉 약자를 사랑하고 고향을 사랑했으며 문인들을 등용하고 배출하는 역할 외에도 후배인 방정환을 높이고 기리는 겸양과 함께 안빈의 철학을 갖춘 애국애족의 계몽사상가로 논의하였다.

지정 토론자인 부길만 동원대 교수님은 차상찬의 인물에 대한 제고를 해야 하며, 춘천에서는 차상잔을 브랜드 인물로 부각시킬 필요가 있다고 언급하였다.

이문학 인천대 교수님은 "차상찬과 발제자인 윤세민 교수가 닮았다"라고 하여 "푸하하" 객석에 웃음폭탄을 터뜨렸다. 일인십색의 차상찬이 너무 재주가 많아 덜 알려진 게 아닌가 하는 객석의 평가도 이어졌다.

한주리 서일대 교수님은 성실하게도 차상찬의 필명 49개를 정리한 토론문을 제시하며 그 밖의 필명도 발굴해야 함을 강조하였다.

이번 세미나에는 범우장학생 중간발표도 이어졌다. 제28기 범우장학생인 심선향(한국외대 국문학과 박사과정) 학생이 '하루키의 동시존재와 들뢰즈의 크리스탈―이미지의 비교연구'라는 거대테마를 발표했는데, 내용은 영화 '버닝'이 중심이어서 객석의 반응이 점차 어두워갔다. 아무래도 논문의 첫 단추부터 잘못 끼운 게 아닌가 하는 생각들이 드는 모양이었다.

장학생들의 중간발표회는 중간발표로서 타당한가를 검증받는 외에도 선배 장학생인 참석자 대부분이 고쳐야 할 점을 지적해주는 도움을 받는 자리이다. 준비하는 장학생들이 체계를 잡지 않은 채 정리가 덜 된 상태에서 중간발표를 하면, 세부적 지적을 받는 데에도 무리가 따를 뿐 아니라 '재발표'를 판정받기가 쉽다.

그러므로 매우 진지한 자세를 일차적으로 갖추고 80% 정도 완성도를 보였을 때 발표하는 것이 좋다는 점을 이 지면을 통해 강조하고 싶다.

  예정된 시간을 초과하리만큼 진지함과 열정 가득한 세미나를 마쳤다.
  이 순간은 개운하면서도 계속 이어가야 할 논문의 여백을 채울 생각으로 뿌듯하게 차오르는 시간이기도 하다.
  범우출판포럼 제20회 세미나 〈잡지인 차상찬 연구〉를 춘천까지 이동하여 차상찬 문고에서 개최한 것은 매우 의미가 깊었다.
  업적에 비해 잘 알려지지 않은 잡지인을 후학들이 발굴하여 그 업적을 되새기는 일은 후학으로서 해야 할 도리이자 그 의미를 선양하고 선승하는 뜻깊은 일에 해당한다. 특별히, 이와 같은 세미나를 범우출판포럼에서 수행하는 것은 진지함을 담보하는 것과 같은 일이다. 워낙에 범우출판포럼의 세미나는 어느 누구라 할 것 없이 모두가 진지함으로 몰입하기 때문이다.

  차상찬 문고가 있는 〈데미안책방〉 4층에서부터 한 층씩 서점의 구도에 걸맞게 배열된 책들을 훑어보며 계단을 내려오는 재미가 있었다. 서점은 어느 구석도 신경을 기울이지 않은 곳이 없었다. 오래 머무르며 책을 읽고 싶은 곳이었다.

일행을 태운 버스는 '소양강 처녀'상과 노래비가 세워져 있는 소양호를 지나 북한강을 거슬러 지암계곡을 향해 갔다. 도중에 춘천 닭갈비집 '어울림'에서 세미나 마친 홀가분함을 저녁식사로 풀어내고 9시 넘어 숙소에 도착했다.

버스에서 내리니 볼에 닿는 공기가 차갑고도 신선했다. 이곳은 바로 집다리골 자연휴양림, 청명한 공기 속에서 하루를 묶는 호강을 하게 되니 윤형두 범우출판문화재단 이사장님의 후원, 윤길한 상무이사님을 위시한 재단 측의 지휘, 박세영 총무이사님의 노고가 새삼 고맙기 이를 데 없었다.

출판에 꼭 따르는 술판의 문화. 이 문화를 위해 이문학 교수님이 순식간에 막걸리와 안주류를 준비해왔다. 윤세민 교수님과 홍정표 대표님이 함께 수행한 결과물이 산더미처럼 쌓여 2차가 불가피했다는…….

역시 출판에는 술판이 따라야 한다는 진리 중의 진리를 필자는 이곳에서 체험을 했다. 두어 주 전부터 박세영 총무이사님이 자꾸 그만두겠노라 얘기를 해오던 터였고, 필자 역시 회장임기를 마치야 할 입장이었다.

마침 그 자리에는 회장을 맡아야 할 출중한 인물이 배석을 했으므로 자연스레 회장선출이 이루어졌다. 더더욱, 그 어렵다는 부회장까지 선출이 되어 그날 밤은 가히 축제의 장이 되었다. 참으로 역사적인 순간이 기적처럼 일어난 것이다. 이 결과, 제5대 범우출판 포럼 회장은 박원경 박사님이 부회장은 윤용철 대표님이 맡기로 결정되었다.

숙소의 사정상 윤 회장님 내외분께서 하룻밤 별거가 불가피해지고, 그 덕(?)에 강영매 사모님과 박원경 박사님 그리고 필자는 한 방에서 오랜 회포를 푸느라 이야기꽃을 피울 수 있었다.

2019년 6월 15일

아침의 청량한 산 공기를 마시며 깨어나 주전자에 커피 물을 올렸다. 모닝커피 한 잔을 나누는 즐거움…… 이것이 사람 사는 재미 아니겠는가. 버스에 오르기 전 나누는 아침 인사에 일행들의 환한 미소가 한가득이다.

일행을 태운 버스는 북한강을 가로질러 위도 38도선이라 새겨진 표지판을 지나쳐 갔다. 위도상 북쪽이라는 실감이 들었다. 아침식사는 올갱이와 아욱을 된장 간으로 끓인 올갱이 해장국, 이곳에서만 맛볼 수 있는 향토음식이라 한 방울도 남기지 않고 클리어…….

구불구불한 산길을 타고 버스에서 내린 곳은 청평사 입구, 주차장에서 청평사까지는 1.4km, 청평사까지의 들입길은 잘 다듬어지지 않은 길이라 오히려 더 운치가 있었다.

매표소에서부터 절까지 가는 길은 제법 세찬 내와 깊은 소를 품은 바위계곡이 기다랗게 펼쳐져 있었다. 사극에서 보았음직한 선녀탕 모양의 소는 초록색으로 그 깊이의 정도를 보여주는 듯했다. 너른 바위는 잠시 앉았다 발을 담그며 쉬다 가고 싶게 했고, 뜻밖에 만나본 '구송폭포'의 감동은 가던 길을 멈추게 했다.

깎아지른 절벽에 곧고 단정하게 떨어지는 구송폭포는 주변에 아홉 그루의 소나무가 둘러져 있어 붙여진 이름인데, 이 폭포는 환경의 변화에 따라 아홉 가지의 소리를 낸다 하여 '구성폭포'라고도 불리어진다. 구송폭포는 삼악산의 등선폭포, 문배마을의 구곡폭포와 함께 춘천의 3대폭포로 꼽힌다 한다.

또한 폭포 옆의 굴이나 길 옆 거북 모양의 바위는 전설을 품을 수밖에 없어 보였다.

실제로 이 굴에는 당나라 공주에 관련된 설화가 있다. 공주를 사랑한 죄로 당 태종에게 죽임을 당한 한 청년이 뱀으로 환생하여 공주의 몸에서 떨어지지 않자 공주는 떠도는 신세가 되고 만다. 어느 날 이 굴에서 서식하며 청평사 주지스님께 가사를 지어 올렸는데, 그 공덕으로 이 상사뱀이 해탈하여 떠나게 되었다 한다.

폭포 가까이 있는 거북 모양의 거북바위 아래에는 '신규선(申奎善)'이라는 이름이 새겨져 있는데, 신규선은 1915년에 청평사를 정비하고 청평사의 역사를 담은 《청평사지(淸平寺誌)》를 편찬하도록 한 사람이다.

좀 멀다 싶으면 나타나는 자연 지형으로 재미를 주는 길이다. 한참을 오르다 보니 찻집이 나타났다. 승주 선암사나 고창 선운사처럼 바로 위가 절이라는 표식일 것이다.

이곳에서 대추차와 오미자 주스를 나누기로 했다. 계산을 강영매 교수님과 한주리 교수님이 서로 하겠다 한다. 이런 다툼은 끼는 게 아니라서 나서지 못하고……. 결국 한주리 교수의 승. 이 차 한 잔의 힘이 청평사 대웅전 마루까지 성큼 오르게 했다.

청평사의 규모는 그리 크다 할 수 없지만 뒤로 오봉산의 위용이 버티고 있어 한눈에도 명사찰임을 알 수 있었다. 고려시대 973년에 창건한 절이라 역사가 있는 절이었지만 새로 중건한 부분이 훨씬 많아 보여서 그 역사의 흔적을 찾기 힘들었다. 한국전쟁의 피해, 안타까움을 보는 듯했다.

3km가 넘는 왕복 길에 감도는 시장기를 길가 음식점의 전병 부치는 냄새가 흔들어 놓았다. 나무 아래 야외 테이블에 자리하고 부치는 족족 가져다주는 수수부꾸미, 메밀전병, 메밀전 등을 막걸리를 기울여 곁들이면…… 즐거움 중 식도락이 최고가 되고 만다.

이제 이번 학술탐방의 기대감을 미리부터 높여주었던 김유정 문학관으로 향해 가는 길이다.

기대감을 너무 높여 두었을까? 일행이 방문한 기념관과 생가에서 기대했던 문학적 향기보다는 인위적 인상을 곳곳에서 풍기는 일종의 테마파크 같다는 느낌이 앞섰다. 피로감이 슬그머니 엄습해들었다.

　서울로 돌아오는 버스 안에서 박세영 총무가 "이번 여행에서 가장 좋았던 점은?" 질문을 하고 답변 마이크를 여러 사람에게 돌린다. 필자의 경우, 단연 '후임 회장단 선출'을 꼽았다. 이는 필자가 임기 동안 했던 일 중 가장 잘한 일로도 꼽을 수 있어서 지금껏 흐뭇하기 짝이 없다.

　범우출판문화재단 윤형두 이사장님의 정중하고도 따뜻한 인사말을 끝으로 차내 방송을 마친 버스는 오후 7시 전에 서울에 도착하였다. 뿌듯함과 감사함, 즐거움을 가득가득 안은 채…….

특별 원고

특별 원고

우리나라 잡지 언론의 선구자이자 독립군*

조갑준(대한인쇄문화협회지 기자)

바쁘다는 핑계로 중요한 것을 잊고 사는 게 참 많다. 8월을 맞아 조국 광복을 위해 분투해온 독립유공자의 넋을 다시 한 번 되새겨본다. 청오 차상찬 선생(1887~1946)은 총 대신 펜으로 조국 광복을 위해 싸웠던 우리나라 잡지계의 선구자이자 독립군이었다.

2010년 11월 은관문화훈장 추서
차상찬 선생은 우리나라 근대 문화의 태동기에 잡지 및 언론의 선구자로서 사명을 다한 언론인이자 독립군이었다.

---

* 이 원고는 대한인쇄문화협회《프린팅코리아》의 조갑준 기자가 발표한 글을 필자의 승인을 받아 게재하였습니다.

민족의 얼을 지키고 전파해온 위대한 스승이라고 할 수 있는데, 학계에서가 아니라 잡지라는 언론을 통해 독자와 민중을 계몽하고 애국심을 고취시키며, 민족의 역사와 전통을 계승함으로써 위기에 처한 현실을 해쳐나갈 지혜와 힘을 기르고자 노력했다.

이처럼 잡지와 평생을 함께했던 차상찬 선생의 삶은 우리 민족의 근대사만큼이나 굴곡져 있다. 또 세상에 잘 알려지지도 않았다. 타계한 지 64년이 지난 2010년 11월 1일(제45회 잡지의 날)이 되어서야 은관문화훈장을 추서받을 수 있었다. 1920년에 창간된《개벽》지의 편집주간과 발행인 등을 역임하고 10여 종의 잡지를 발행해 한국 잡지 115년사에 큰 업적을 남긴 공로를 인정받은 것이다. 또한 2017년 5월에는 차상찬 선생 탄생 130주년을 맞아 강원도민일보와 청오차상찬기념사업회 공동으로 개최한 '청오 차상찬 탄생 130주년 기념 학술대회'가 한림대에서 열리기도 했다.

학술대회는 ▲개벽의 문화적 민족운동과 항일(정진석 한국외대 명예교수) ▲차상찬 전집(선집) 발간을 위한 자료조사의 범위와 방향(정현숙 한림대 교수) ▲차상찬의 아동문학 연구(오현숙 충북대 교수) ▲천도교와 개벽사, 그리고 차상찬(이혜정 서울여대 교수) 등의 주제발표와 토론으로 진행됐다.

우리나라 종합잡지의 효시 《개벽》

차상찬 선생과 함께 항상 거론되는 《개벽》은 우리나라 종합잡지의 효시요, 민족지였다. 차상찬 선생은 《개벽》의 창간동인이자 이돈화, 김기전, 방정환의 뒤를 이어 1931년부터 개벽사의 편집인 겸 발행인으로 취임, 그때부터 개벽사가 문을 닫을 때까지 17년간을 온갖 고초 속에 잡지를 이끌었다. 《개벽》을 비롯해 《혜성》《부인》《어린이》《신여성》《학생》《제일선》《별건곤》 등 개벽사 간행 잡지 매호마다 차상찬 선생의 투철한 계몽사상과 민족정신이 깃들지 않은 곳이 없다.

차상찬 선생의 힘은 해학과 직필에서 나온다고 할 만큼 특유의 기지를 발휘한 매서운 필치에 있다. 이로써 당대 저명인사들의 일거수일투족과 세태를 기사화했고, 독자들을

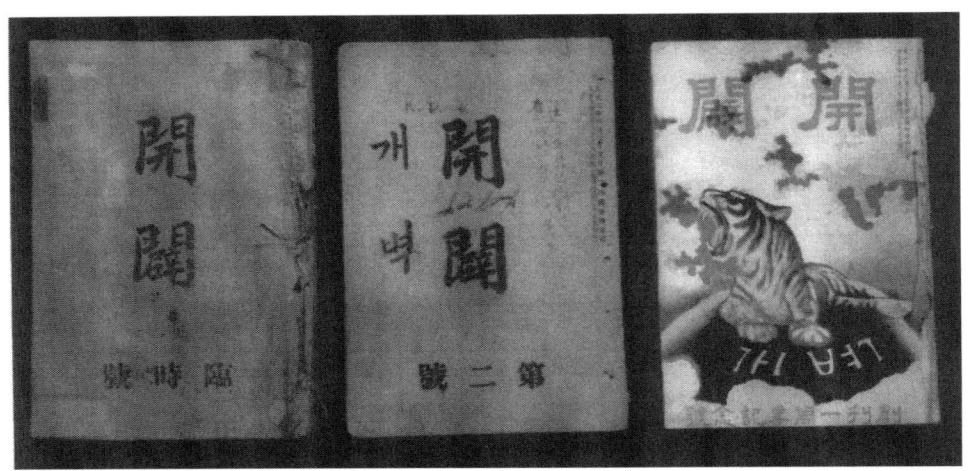

차상찬 선생은 1920년에 창간된 《개벽》지 편집주간과 발행인 등을 역임하고 10여 종의 잡지를 발행해 한국 잡지 115년사에 큰 업적을 남겼다.

웃기고 울리며 항일 사상을 고취시켰다. 당시 사람들이 "차상찬의 목이 달아나면 달아났지 그에게서 바른 말을 막을 수 없다"라고 했다는 평가가 전해져 내려오고 있다. 때문에 일제 당국의 눈 밖에 나는 한편 체포돼 옥고를 치르기도 했다. 풍자거리가 된 인사들의 항의도 끊이지 않았으나 직필의 의기는 멈추지 않았다.

여성·농민 등 사회적 약자 계몽

차상찬 선생은 강원도 춘천시 송암동에서 태어났다. 춘천 문학의 상징이 된 김유정도 차상찬 선생이 편집주간이던 《제일선》에 '산골 나그네'를 1933년 발표한 바 있고 나도향,

이상과 같은 문학가들도 차상찬을 통해 문단에 이름을 올릴 수 있었던 것으로 알려졌다.

방정환과 함께 '어린이 날'을 기획한 이가 차상찬 선생이며, 여성·농민 등 사회적 약자에 대한 일깨움을 시도한 이도 차상찬 선생이었다. 그리고 차상찬 선생은 천도교에 입문한 이후로 잡지《개벽》의 기자로서 강원도의 역사와 문화, 풍속과 인물 조사(《개벽》1923년 12월호)를 하는 등 근대 시기 조선인이 주체적으로 〈개벽적 대사업〉을 체계적으로 전개, 조사한 것으로 평가받는다. 뿐만 아니라 1923년 청오라는 필명으로 관동잡영에 강원도 지역이나 명승고적을 소재로 한 한시를 게재했으며, 강원도편 종합조사지인 '조선의 처녀지인 관동지역'이라는 기사는 관동의 지명유래에서 시작해 지리 분표, 지세, 기후, 인정, 풍속, 언어, 연혁, 교육과 종교개황 등을 개괄한 바 있다.

또한 차상찬 선생의 형인 차상학 또한 32세에 천도교 기관지《천도교회월보》초대 주간, 편집 겸 발행인으로 활동한 바 있다.

차상찬 선생의 매형은 정인회 의병장이었다. 춘천의 선비였던 정인회는 을미사변에 분개하고 단발령까지 공포되자 군인이었던 성익현과 박현성과 뜻을 함께하고 군인과 상인 세력으로 의병활동에 합세한 것으로 알려졌다.

청오를 비롯해 30여 개에 달하는 필명

애국과 계몽으로 일관된 차상찬 선생의 신념은 가난에도 오히려 청빈낙도하면서 잡지 언론의 사명을 다하는 거목의 삶으로 이어졌다. 1인 다역의 필봉을 휘둘렀던 선생은 본명과 호 외에도 가회동인, 월명산인, 삼각산인, 강촌생, 사외사인, 차돌이, 차천자, 풍류랑, 수춘산인, 각살이 외 30개에 달하는 필명을 갖고 다양한 글을 써온 것으로 알려졌다. 《개벽》에는 72개 호, 2074개의 기사가 실렸는데, 그 가운데 1071개의 기사를 차상찬을 비롯한 《개벽》사의 직원들이 직접 집필한 것으로 알려졌다.

이 중에서 필명을 확인할 수 있는 기사는 모두 636개인데, 차상찬 선생은 그 중 118개의 기사를 작성한 것으로 보인다. 이는 박달성의 136개 기사에 이어 두 번째로 많은 것이고, 그 뒤를 김기전(108개), 이돈화(84개), 박영희(57개), 방정환(27개) 등이 잇고 있다. 그러나 개벽사 기자가 집필한 것은 확실하나 필자를 명확히 알 수 없는 기사 435개 가운데 차상찬 선생의 기사가 비교적 많았으리라는 것은 차상찬 선생의 다양한 필명, 집필 경향으로 보아 충분히 추측할 만하다. 이는 《개벽》에서도 차상찬 선생의 역할이 이돈화, 김기전, 박달성에 필적하거나 넘어섰음을 반증하는 것이라고 할 수 있다.

고서박물관이라고도 할 수 있는 차상찬 문고는 차상찬 선생의 글이 수록된
고서《개벽》《별건곤》을 비롯해 그의 육필 원고 등을 전시하고 있다.

차상찬 문고

차상찬 선생의 출생지인 강원도 춘천에 가면 그의 삶과 업적을 기억할 수 있는 차상찬 문고라는 이름의 기념관이 조성돼 있다.

고서 박물관이라고도 할 수 있는 차상찬 문고는 차상찬 선생의 글이 수록된 고서《개벽》《별건곤》을 비롯해 그의 육필원고 등을 전시하고 있다. 또한 차상찬 문고에서는 《어린이》《신여성》 등을 필두로 한국 근대기의 잡지, 동인지, 문학지, 여성지 등의 귀중한 고서를 전시하고 있다. 특히《어린이》《신소년》《조선아동》《신소녀》《소학생》《새벗》

《학원》등을 전시해 일제강점기부터 해방 이후에 발간된 한국 아동잡지의 역사를 한눈에 살펴볼 수 있다. 차상찬 선생은 일제의 식민정책을 비판하는 논설부터 날카로운 사회풍자, 인물만평 등 수많은 직필을 통해 독자적인 독립운동을 펼쳤는데, 검열기관의 눈을 피하기 위해 30여 개의 필명을 사용했다.

문고의 초입을 장식한 《개벽》은 1920년 창간된 종합잡지로서 일제 탄압에 맞서 민족의 의사를 대변했던 한국 근대기를 상징하는 도서다. 그러나 《개벽》은 일제에 대한 강경한 논조로 인해 창간호부터 판매금지를 당하였고, 검열문제로 임시호 혹은 호외로 발행을 이어가다가 결국 1926년 강제 폐간됐다. 이후 1934년 차상찬 선생은 8년 만에 《개벽》을 속간했지만 제4호를 끝으로 더 이상 발행할 수 없었다. 그 당시 지식인들은 도서 발행 활동을 통해 소외받는 어린이와 여성 문제 등에 관심을 기울였으며, 대중에게 한글이 확산되고 일상 속에 독서 문화가 자리 잡게 되는 성과를 거뒀다.

또한 차상찬 문고에서는 1898년 창간한 일간 신문인 《황성신문》의 창간호부터 종간호까지의 원본과 1896년에 창간된 최초의 민영 일간지 《독립신문》 영인본을 전시해 민중의 계몽과 일제에 저항해 자주독립을 위해 분투한 선조들의 발자취를 엿볼 수 있도록 했다.

2017년 12월 춘천시 동면의 달아실 권진규미술관에서 온의동 데미안책방 4층으로 이전했으며, 이전보다 커진 규모로 신문, 도서 등 900여 권을 진열하고 있다.

- 주소 : 강원도 춘천시 춘천로 17번길 37, 데미안 4층
- 관람시간 : 오전 10시~오후 5시 30분(연중무휴)
    관람료 무료
- 사진 제공 : 권진규미술관(차상찬 문고 운영자)

잡지인 차상찬 연구

2020년 7월 10일 초판 1쇄 발행

엮은이 범우출판문화재단
펴낸이 윤형두
펴낸곳 범우사

출판등록 1966. 8. 3. 제 406-2003-000048호
(10881) 경기도 파주시 광인사길 9-13
전화 031-955-6900~4 **FAX** 031-955-6905
이메일 bumwoosa1966@naver.com
홈페이지 bumwoosa.co.kr

ISBN 978-89-08-12462-2 93300

* 잘못된 책은 바꿔드립니다.
* 책값은 뒤표지에 있습니다.